U0068019

評球品足

■■■■ 剛田武、金竟仔、破風、老溫　合著

天空數位圖書出版

目錄

剛田武

評球品足

目錄

金竟仔

目錄

破 風

評球品足

目錄

老溫

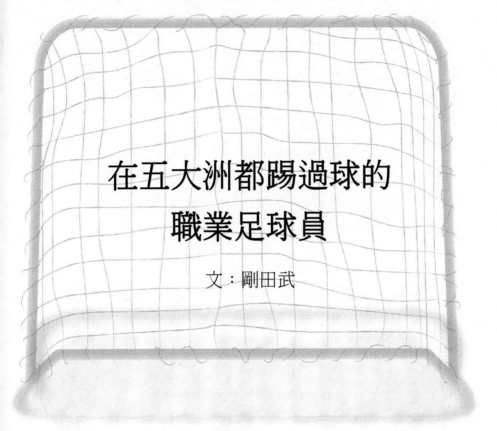

在五大洲都踢過球的
職業足球員

文：剛田武

剛田武

評球品足

　　前日本國腳本田圭佑早前終於為巴西甲級聯賽豪門球隊博塔福戈上場，而且還在巴西高喬省甲級聯賽取得進球，不僅完成在五大洲的職業足球聯賽上場的壯舉，而且還是首名在五大洲聯賽都有進球的足球員。本田圭佑在亞洲的名古屋鯨魚出道，然後在荷蘭、俄羅斯和義大利等歐洲國家踢球，及後到了中北美洲的墨西哥聯賽，上賽季則到了雖然是亞洲足聯成員國，地理上卻是大洋洲的澳洲踢球，現在則登陸南美洲。除了本田圭佑，以往也有數名球員曾經在五大洲的職業聯賽踢球，他們的故事也相當有趣。

　　在 1983 年出生的新加坡球員 David Low，在 23 歲的時候展開職業球員生涯，新加坡老牌強隊淡濱尼流浪者是他的首站，1 年後他到了澳洲效力半職業聯賽球隊西南鳳凰，然後 Low 先生就到美國效力次級聯賽球隊 Western Mass Pioneers。不過他在美國只待了半年便轉戰歐洲，到德國效力第五級聯賽球隊 Offenburger SV，1 個賽季後便到瑞士效力 FC Concordia Basel。在 2009-12 年間，Low 回到亞洲征戰新加坡和蒙古聯賽，協助 Khoromkhon FC 奪得蒙古盃。2013 年，Low 先生代表 Otago United 參與紐西蘭聯賽，然後又到了美國踢球。2015 年他卻轉戰非洲聯賽，在喀麥隆甲級聯賽為兩支球隊上場，由於當地人不

懂分辨亞洲人的國籍，因此本身是新加坡華裔人士的他被誤認是中國球員。結束非洲之旅後，Low 先生回到新加坡，目前為業餘聯賽球隊新加坡維京人踢球。

　　另一名勉強算是在五大洲聯賽踢過球的便是現年 47 歲的阿根廷前鋒 Osvaldo Nartallo，說是勉強湊合的原因是這名在阿根廷豪門球隊聖羅倫索出身的球員，在 1994-95 年賽季從土耳其豪門球隊貝斯塔克斯轉投位於首都安卡拉的 Petrol Ofisi，安卡拉位於亞洲地區，因此也算是在亞洲踢球。Nartallo 到土耳其踢球前則在南非豪門球隊奧蘭多海盜待過一段日子。離開土耳其後，Nartallo 去過西班牙和哥倫比亞踢球，然後在 1999 年效力墨西哥球隊 Puebla、Toros Neza 和 Queretaro，職業生涯遍及南美、非洲、歐洲、亞洲和中美洲。

　　要數國際足壇最有名的浪人，肯定是現年 46 歲的德國門將 Lutz Pfannenstiel 莫屬，他是目前唯一在六大洲踢過球的人。他從 1991 年開始職業生涯，直到 2011 年才退役，20 年間效力過 27 支球隊，足跡遍佈歐洲（德國、英格蘭、芬蘭、挪威、阿爾巴尼亞、亞美尼亞）、非洲（南非、納米比亞）、亞洲（馬來西亞、新加坡）、大洋洲（紐西蘭）、北美洲（加拿大）、南

美洲（巴西），既有溫布爾登、諾特漢姆森林等知名球隊，也有 Bradford Park Avenue 這樣的第六級聯賽球隊。他的最後一站在納米比亞的 Ramblers，當年已經 38 歲的他再度踏上非洲之旅，為球隊踢了 2 個賽季，45 場聯賽上場，於 40 歲便退役。由於他的故事太傳奇，所以縱然他在國際足壇並沒有什麼豐功偉績，也是多國媒體專訪的對象。

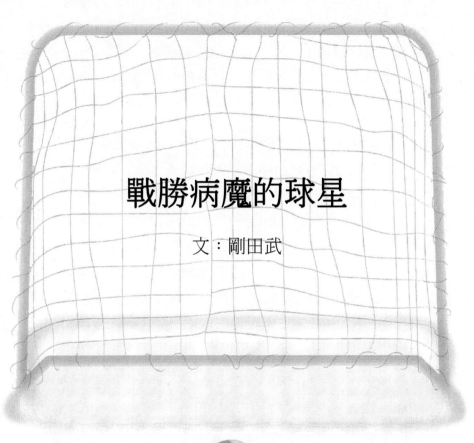

戰勝病魔的球星

文：剛田武

評球品足

　　中國武漢肺炎在全球擴散，不僅令所有歐洲頂級聯賽幾乎全部延期甚至復賽無期，更有職業足球員、領隊和球隊職員確診。筆者衷心希望染病者可早日康復，疫情盡快受控，以及全球一切體育、文娛和經濟活動回復正常。

　　雖說職業足球員擁有充足的運動量，體格比一般人壯健，可是也有在壯年時患上危疾的個案，例如是癌症和奇難雜症，幸好有些知名球星最終能戰勝病魔重返職業賽場。前巴塞隆納中衛 Eric Abidal 在 2011 年確診肝臟有腫瘤，對當時仍然在職業生涯高峰的他來說是一大打擊，他因為這病而停止踢球接受治療，幸好獲得家人和隊友 Dani Alves 捐贈肝臟之下，只休息了 47 天便復出，並在同年 5 月以隊長身份代表巴薩舉起歐冠獎盃。

　　曾經在曼聯踢了十二年球的蘇格蘭悍將 Darren Fletcher，同樣是在 2011 年確診罕見的潰瘍性結腸炎，令他的體重暴跌以及遠離賽場接近 9 個月。到了 2013 年 1 月，他正式進行手術，直到同年 12 月才正式復出。雖然潰瘍性結腸炎令 Fletcher 失去接近 2 年的比賽時間，復出後也無法再獲曼聯重用，可是後來他在西布朗和斯托克城也成為球隊不可或缺的角色。

同樣是在 2011 年患上嚴重疾病的還有義大利壞孩子 Antonio Cassano，Cassano 當時是 AC 米蘭的當家前鋒，可是在踢完對羅馬的比賽後，在回程的飛機上突現出現缺血性中風症狀，須緊急送院，並確診心臟卵圓孔未閉。這病令 Cassano 休息了半年，復出後轉投國際米蘭和帕馬的表現也算出色，反而是他的性格缺憾令職業生涯末段沒能善終。

巴西國家隊隊長 Thiago Silva 多年來是「森巴兵團」的後防基石，可是他在職業生涯剛起步的時候幾乎因肺結核喪命。2004 年，當時年僅 20 歲的 Thiago Silva 已經在俄羅斯超級聯賽球隊莫斯科迪納摩效力，可是由於水土不服和患病，所以效力了一年都沒有為球隊踢球，主診醫生更斷言若當初他遲了 2 周才看醫生，甚至可能已經來不及而病發身亡。Thiago Silva 也因此心灰意懶，一度想過就此退役，幸好在母親的勸阻下改變主意。結果 Thiago Silva 回到巴西加盟兒時支持的弗魯米嫩塞，從而獲得 AC 米蘭賞識，成為巴西史上其中一名最佳中衛。

前克羅埃西亞國家隊鋒將 Ivan Klasnic 在 2007 年效力文達不萊梅的時候，竟然確診患上腎病，在移植了母親捐贈的腎臟後出現排斥，幸好後來獲得父親捐贈，

評球品足

手術才可成功。不過他也要等到同年的 12 月才正式復出，結果 Klasnic 也相當賣力，並代表國家隊出戰 2008 年歐洲盃決賽圈，並於 8 強戰對土耳其取得進球，幾乎把國家隊帶進 4 強賽，可是球隊最終反勝為負，無緣成就生命鬥士的成功篇章。

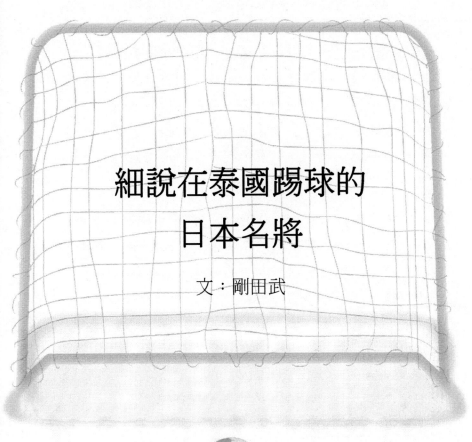

細說在泰國踢球的
日本名將

文：剛田武

　　泰國甲級聯賽作為東南亞區近年發展最成功的職業足球聯賽，近年吸引了不少昔日在歐洲聯賽打響的名將加盟，也有不少以往在日本和韓國頂級聯賽效力的名將加盟。本賽季泰甲就有 6 名日本球員踢球，他們全都擁有 J 聯賽上場紀錄，其中以曾經踢過德甲和土耳其超級聯賽的前國腳細貝萌最有名，上賽季他已在冠軍球隊武里南聯上場，本賽季則轉投另一支球隊曼谷聯延續球員生涯。

　　除了細貝萌，還有不少日本名將也踢過泰國聯賽，最早登陸泰國的日本名將是與中田英壽同期，曾經被稱為比中田英壽更優秀的財前宣之。這名極具靈氣的中場猛將卻不敵傷患，職業生涯遠不及外界預期，不過也在仙台七夕和山形山神踢了接近 10 年，是僅次於清水心跳的澤登正朗和磐田山葉的藤田俊哉之後，在所屬球隊穿上 10 號球衣年期最長的 J 聯賽球員。然後財前宣之在 2010 年轉投泰國豪門球隊蒙通聯，可是只踢了 11 場聯賽便在翌年轉投另一支球隊 Tero Sasana，也是只踢了 10 場聯賽，表現無法令人信服，最終在 2011 年賽季結束後便結束球員生涯。

　　到了 2014 年，有 3 支泰國球隊同時邀請了日本名將加盟，分別是岩政大樹、茂庭照幸和西紀寬。在鹿島

鹿角踢了 10 年主力，曾入選 2010 年世界盃決賽圈大軍的後防大將岩政大樹，在 2014 年離開鹿島後決定旅外，加盟 Tero Sasana，踢了 35 場聯賽進了 5 球，並協助球隊奪得泰國聯賽盃，可是賽季結束後他選擇返回日本，在 J2 球隊岡山綠雉延續球員生涯。至於曾代表日本出戰 2006 年世界盃決賽圈，也踢過平塚比馬、FC 東京和大阪櫻花多年的中衛茂庭照幸，也在 2014 年選擇到曼谷玻璃效力，踢了 32 場聯賽沒有進球。不過在當時的大阪櫻花監督大熊清游說下，茂庭照幸也是踢了 1 個賽季便回流日本。而同期到泰國踢球的前磐田山葉中場西紀寬則沒有那麼順利，這名協助日本奪得 2004 年亞洲盃冠軍的中場球員在 2013 年與東京綠茵結束賓主關係後便加盟警察聯，可是只踢了 17 場聯賽進了 2 球，賽季後便被放棄，到了 2016 年才加盟由前隊友高原直泰創立的業餘球隊沖繩 SV，勉強延續職業生涯。

除了這些名將，還有一個曾效力泰國聯賽的日本球員是不得不提及的，就是日本浪人伊藤壇。他沒有踢過 J1 聯賽，只在仙台七夕還在 J2 聯賽時踢了 7 場比賽，不過他後來到了亞洲 22 個國家踢球，包括印尼、澳洲、越南、香港、馬來西亞、汶萊、馬爾地夫、澳門、印度、緬甸、尼泊爾、柬埔寨、菲律賓、蒙古、不丹、

斯里蘭卡、東帝汶、關島和北馬里安納郡島，令他縱然不是頂級球員也在日本足球界相當知名。44 歲的他在去年 5 月才正式退役，目前在 J1 球隊北海道札幌岡薩多有提攜關係的高校擔任總教練。泰國是他的職業生涯中第 5 個到訪的國家或地區，他在 2004 年效力當時仍在泰國頂級聯賽的 Osotspa M-150 Saraburi，可是踢了沒多久就回到之前效力的香港球隊傑志。不過這也為他的傳奇球員生涯加上踏足泰國的印記。

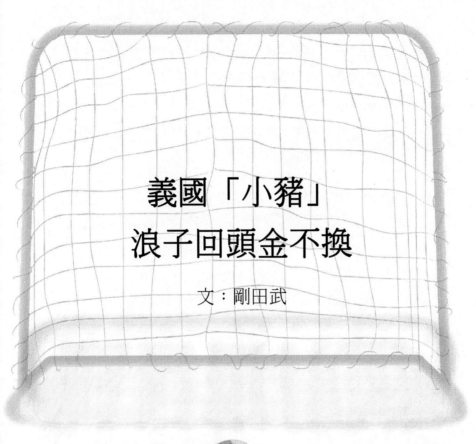

義國「小豬」
浪子回頭金不換

文：剛田武

剛田武

　　「小豬」羅志祥與網紅女友分手後，性史被愈揭愈臭，有人認為男人高富帥，又是明星，運動能力強，就算夜夜上演多人運動也是干卿何事。或者，問題是出於人前人後兩個樣，前義大利第一中鋒 Christian Vieri 公開說過：「我在 18 歲之後，差不多天天啪啪啪，有時候也進行『多人運動』。」做得出，不怕認，今日他已浪子回頭，決心做個居家好男人。

　　Vieri 今年 46 歲，效力過國際米蘭、馬競、尤文等勁旅，也是前世界轉會費紀錄保持者，職業生涯進球達 236 個，他說：「我的運動通常是一對一，但也試過帶三個女生回飯店，可以說，報紙所寫的緋聞大都是真實的。」他沒有說自己一生人與幾多女生交鋒，但義大利記者相信與其總進球相差不遠。

　　這位身高 1 米 86 的巨人，當年英姿威武，非常有型，充滿陽剛氣，確實迷倒不少女生，退役後沒有打算教球和做球評，只想純粹地享受人生，並長居陽光與海灘的美國城市邁阿密，有空就去玩沙灘排球和足球，偶爾會做兼職 DJ，兩年前遇上年輕 16 歲的 Costanza Caracciolo，譜出忘年戀，讓這隻無腿的鳥兒，終於、終於、終於定下來。

　　30 歲的嬌妻 Costanza Caracciolo 是義大利著名

主播，4 月份為他誕下了第二名女兒，一家四口，融洽愉快，而 Vieri 亦會在社交網站分享小確幸，甘願「封盤」。無巧不成文，兩人原來在十五年前結下緣份的種子，當時在派對上，Costanza 只是一名小女孩，結果兩人之後因為討論時裝話題而成為朋友，並很快成為戀人。而且，兩名女兒相隔只有 15 個月，看來這位真漢子退役十多年，還是精力充裕，並在首名千金出生時留言：「終於明白何為愛。」

或者女人緣是天生的，Vieri 淡出球圈，也沒有做教練，但只要在沙灘出現，依然有不少女生主動上前邀請合照。翻查這位花花公子的彪炳戰績，名冊上多是鼎鼎大名的女神，包括荷里活影星佐治古尼的前度 Elisabetta Canalis、名模 Melissa Satta、黑珍珠 Jazzma Kendrick 等。

樣子迷人的 Elisabetta Canalis 目前仍然活躍於娛樂圈，2014 年嫁為人妻，身材火辣的 Melissa Satta 目前是成為前義甲球員 Kevin-Prince Boateng 的太太，兩人一度分開又破鏡重圓。Vieri 的感情世界不足以用錯綜複雜形容，除了上面的女伴之外，其緋聞女友還有門神 Gianluigi Buffon 的前妻和前 AC 米蘭總教練 Massimiliano Allegri 的前女友，男士們只能羨慕到口

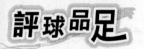

水直流！

誰有權批評
Adebayor 不捐款？

文：剛田武

剛田武

評球品足

　　前英超射手 Emmanuel Adebayor 住大房、開跑車，卻拒絕為抗疫捐款，更在社交網站炫耀「家中車陣」，自然受盡道德之士猛烈炮轟，甚至成為外國體育版頭條人物。「我不是 Drogba，我永遠我行我素。」大難當前，他拒絕為多哥抗疫捐款後，被批評「行為冷血」。清官難審家庭事，如果你知道他的成長背景，或者會由憤怒變成同情，由斥責變諒解。

　　前兵工廠和曼城前鋒 Adebayor 於 1984 年出生，成長自首都洛美的貧民窟，夏天炎熱，冬天寒冷，九十年代初仍然只能使用蠟燭照明。「我所住的地方要到公共廁所，但是距離住所一英里，而且晚上沒有電燈，下雨時屋頂漏水，打大風根本沒能睡著。」

　　小時候，他只能跑到鄰居家中看電視，曾以為那些足球明星都是虛構出來的戲劇人物，直至出道之後才真的相信當年看到的世界足球先生 George Weah 是真有其人。一般小孩在 2 歲左右學走路，但他在 4 歲前仍不懂走路，母親以為兒子患了怪病，直至遇上足球，他才由開始走走跳跳。

　　「兄長在我 6 歲時前往德國尋找足球夢，但是夢想沒有成真。」當 Adebayor 被法國球隊梅斯邀請試訓時，家人也不抱任何期望，然後突然收到失聯已久的大

哥電話，「他說來看我，於是我向朋友借錢，為他購買來回德國的機票」。事實上，他是性情中人，多年來一直重視兄弟情和母子情，只是家人後來卻把他當成搖錢樹。

Adebayor 年僅 17 歲初出茅廬，升上一線隊後，簽下首份職業合約，把賺到的所有收入為家人興建大房子。豈料，噩夢隨之而來，兩名哥哥需索不停，不斷向他借錢做生意，每次都有借沒還，「某天我訓練回來後，感覺疲憊，睡了個午覺，醒來後發現有把刀抵在我喉邊，我睜開眼睛一看，拿刀的竟然是我的兩個兄弟！」

晴天霹靂，他沒想過到在金錢面前，兄弟情原來是如此脆弱。他心傷透，一度想過服藥自殺，幸好服藥後被沒親戚關係的好朋友救回一命，及時送院，之後轉投摩納哥，開始飛黃騰達的日子。同時，他也利用人脈關係，把弟弟送到歐洲的青年軍，可惜不懂事的弟弟，居然偷了 21 名隊友的手機，甚至回家偷走其他球星送給 Adebayor 的球衣變賣。

Adebayor 成名後，與母親關係不算差，出席非洲足球先生頒獎禮時，兩母子一同上台拍照留念。然而，未知是家用不夠，抑或貪婪黑事，母親有次向他要求：

「為家中每人買一套房子，然後每個月匯錢給他們。」2015 年，他忍無可忍，遂在臉書發表千字文，宣佈「與母親脫斷關係」。

他是不孝子？他背叛了家族？2017 年底，他不計前嫌，收養了哥哥的兒子，一直視如己出。事實上，英國《太陽報》經常爆出 Adebayor 的醜聞，多數是其家人和親友賣出去，包括當年他指妹妹和母親使用巫術，以致其狀態下滑，也試過被妹妹指控把母親趕出家門，不願承擔家用等。

這些家事外人只能聽了算，Adebayor 對家庭和國家的恨，難用三言兩語交代清楚。當年多哥在安哥拉非洲國家盃時，受到恐怖襲擊，造成多人死傷，至今他仍然耿耿於懷，認為多哥政府反應懦弱無能。《第一滴血續集》，Rambo 最後一句台詞是：「我希望國家愛我們，如同我們愛國家一樣。」

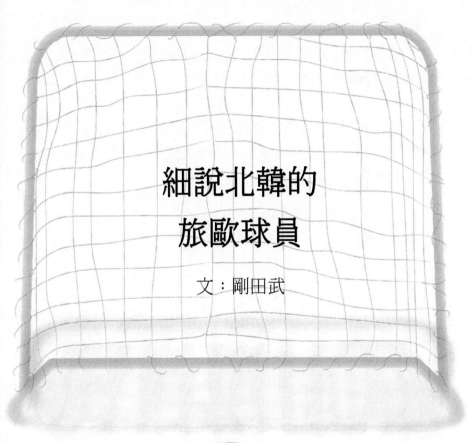

細說北韓的
旅歐球員

文：剛田武

剛田武

　　早前在大中華地區熱播的韓劇《愛的迫降》，令不少人對北韓這個神秘國度再次產生興趣。北韓由於資源比較缺乏而且封閉經年，因此在足球發展上遠不及他們的兄弟卻也是敵人的韓國。除了在 1966 年打進世界盃 8 強賽，以及在 2010 年再次打進世界盃決賽圈，似乎也沒有什麼值得驕傲的成績。不過縱然北韓是非常封閉的國家，近年也輸出不少球員到歐洲，實行「施夷之長技以制夷」。

　　北韓球員旅歐的歷史可從 2006 年說起。司職前鋒的崔敏鎬以 2005 年亞洲足聯最佳年青球員身份，在 2006 年來到同樣擁有共產背景的俄羅斯，加盟超級聯賽球隊薩馬拉（Krylia Sovetov Samara）。不過猶如日本國寶三浦知良以開荒牛身份登陸義甲一樣，崔敏鎬在薩馬拉沒有太多上場機會，加盟了 1 年半才獲得在俄羅斯盃首次上場，可是隨著球隊出局，他的機會也僅此為止，這名據聞在北韓稱為「北韓羅納度」的鋒將，在俄羅斯 3 年也只踢過這一場比賽。

　　洪映早是緊隨崔敏鎬腳步到歐洲的北韓球員，他是北韓參與 2010 年世界盃決賽圈時的隊長。同樣也是司職前鋒的洪映早在 2007 年加盟塞爾維亞超級聯賽球隊 FK Bezanija，取得 7 次聯賽上場機會，而且進了 1 球。洪映早只在塞爾維亞踢了半個賽季，在 2008 年便

轉投當時還在俄羅斯甲級聯賽的羅斯托夫，上場 16 次進了 2 球，協助球隊升上俄超。洪映早在 2009 年也有 14 次俄超上場紀錄，也獲得 1 個進球，不過到了 2010 年上場機會大減，只有 1 次上場，所以賽季結束後也返回北韓。

球迷最熟悉的北韓球員鄭大世由於是在日本出生和長大的「在日朝鮮人」，實際來說是日本人，所以縱然他在 2010 年世界盃後曾經到德國效力波鴻和科隆，筆者也不打算詳述。或許是受到能夠參與世界盃決賽圈的影響，所以北韓在 2009 至 11 年期間送了不少國家隊或國家隊青年軍成員到瑞士和東歐聯賽吸收經驗，雖然當中大部分都沒有太多上場機會，但也有球員可以在歐洲足壇站穩陣腳，多次在東亞盃資格賽與中華隊交手的前鋒朴光龍就是其中一名最成功的北韓旅歐球員。

朴光龍和另一名國家隊成員林哲民在 2011 年夏天一起加盟瑞士次級聯賽球隊 FC Wil，不過朴光龍沒有為球隊上場便轉投瑞士超級聯賽冠軍球隊巴塞爾。他在巴塞爾是替補球員，首個賽季也獲得 13 次上場機會，還在擊敗洛桑體育會一戰取得首個歐洲聯賽進球，而且在該賽季的 3 場歐冠分組賽完場前替補上場，撈到合共 9 分鐘上場時間。不過到了 2013 年開始，他便遭

外借到其他瑞士次級聯賽球隊，在 3 年半外借生涯也獲得 107 次聯賽上場機會，進了 33 球。拿著這份不錯的成績單，朴光龍在 2017 年夏天獲得奧地利甲級聯賽球隊聖波爾坦（SKN St. Poelten）賞識，並獲得穩定上場機會，截至今年 3 月 1 日，他已在奧甲上場 50 次，取得 10 個進球。

近年另一名比較成功的北韓旅歐球員是年僅 21 歲的前鋒韓光成，他在 18 歲時便加盟義甲球隊卡利亞里的青年軍，並於 2017 年 4 月 2 日對帕爾馬一戰上演義甲處子戰，在 2016-17 年義甲賽季獲得 5 次上場機會。韓光成在 2017-18 年賽季先外借到義乙球隊佩魯賈，上場 17 次取得 7 球進帳，令卡利亞里在下半賽季召回他，不過也只獲得 7 次義甲上場機會，沒能取得進球。韓光成在 2018-19 年賽季再次外借到佩魯賈，可惜因為受傷只能上場 20 次，表現也大不如前，只有 4 個進球。到了上賽季韓光成竟然以外借身份加盟了尤文圖斯，簽了 2 年借用合約，不過他在一隊沒有任何機會，只獲下放到征戰義丙聯賽的尤文圖斯二隊，上場 17 次也沒有進球。但是尤文圖斯卻在今年 1 月以 350 萬歐元轉會費將韓光成買斷，6 天後真相大白，原來是尤文圖斯將他轉手買給卡達球隊 Al Duhail，獲得 500 萬歐元轉會費。韓光成讓尤文圖斯賺了 150 萬歐元，不過他的旅歐生涯也暫時結束。

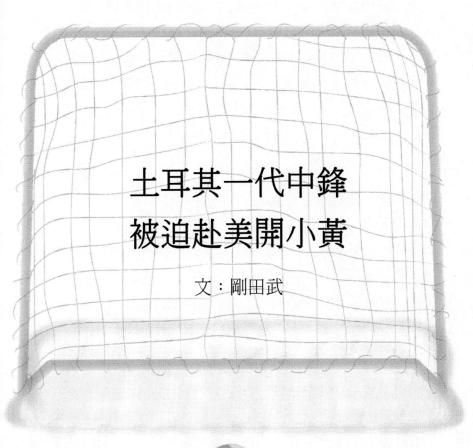

土耳其一代中鋒
被迫赴美開小黃

文：剛田武

剛田武

評球品足

　　曾幾何時，Hakan Sukur 是土耳其國民英雄，也是土超和國家隊歷來射手王，更是世界盃僅花 11 秒閃電建功的快槍手，後來轉戰政壇，豈料由親政府淪為「恐怖份子」，現在被迫流亡到美國，唯有開小黃維持生計。開弓沒有回頭箭，他的名字目前變成「土耳其禁語」，這樣大起大落的人生，比戲劇更具戲劇性。

　　1992 年，21 歲中鋒 Hakan Sukur 初露頭角，加拉塔薩雷為挫費內巴切氣焰，不惜以美元結算作為工資。當年，土耳其聯賽一般會用土耳其里拉作為支薪結算單位，最終加軍用 30 萬美元「天價」年薪，另加一輛名貴汽車簽下意中人。幾日後，這位少年在土耳其超級盃打進關鍵球，攻破費內巴切大門，證明物有所值。

　　首個賽季，Hakan Sukur 已攻進 19 球，帶領加拉塔薩雷摘下土超冠軍。彼時，政壇新星埃爾多安成為伊斯坦布爾市長，他是前足球員，對 Hakan Sukur 欣賞有加，私交甚篤。1995 年，Hakan Sukur 的婚禮上，埃爾多安當上主持，兩人自此結下不解緣。

　　他在國家隊服務長達 15 年，披甲 112 場，攻進 51 球，2000 年歐協盃帶領加拉塔薩雷擊敗阿森納，土耳其在歐錦賽小組賽生死戰打敗東道主比利時，帶隊歷史性晉級八強，引起國際米蘭青睞。初到義甲，他已是

29 歲的前鋒，鋒線上還有 Ronaldo 和 Christian Vieri，根本難以取得正選，兩個賽季僅進兩球，表現滲淡。隨後，他到過帕爾馬和布力般流浪，2003 年重返英雄地加拉塔薩雷。

2008 年，Hakan Sukur 高掛球靴，準備安享「晚年」，學習烹飪和帆船，偶爾上電視球評。然而，埃爾多安在政治上野心勃勃，2011 年作為時任國家總理，決定借助好友在足壇的影響力，「加持」正義與發展黨。不過是普通足球員，1 米 91 的中鋒一直退避三舍，無意走進熱廚房，但埃爾多安最終利用「足球」打動了好友，並以一張巨餅的畫作為禮物，「我希望將來成為總統後，土耳其會晉升為足球強國，有力爭奪歐洲盃。

諷刺的是，兩位好友的政治理念南轅北轍，埃爾多安主導的正義與發展黨是右翼保守主義，反而旅歐多年的 Hakan Sukur 思想開明，支持改革，埋下了兩人反目成仇的伏筆。政治不是人人適合玩，埃爾多安上位後，已忘了當年的承諾，2010 年後土耳其足球每況愈下，世界排名由第 10 位跌到 40 位以外，Hakan Sukur 明白體育部副部長根本有名無實，完全沒有實權可言。

一進政壇深似海，Hakan Sukur 於 2013 年有心無意地公開支持「埃爾多安反對者」居蘭的政治觀點，引

起埃爾多安不滿，甚至被要求道歉。這位中鋒拒絕跪下、道歉，同時宣佈脫離正義與發展黨，保留獨立議員身份留在政壇。

背叛的叛徒？2016年2月，Hakan Sukur前往電視台解說時，忽被帶到警局，罪名為「涉嫌在網上侮辱總統埃爾多安和其兒子」。同年7月，土耳其爆發政變，失敗告終，埃爾多安馬上把矛頭指向遠在美國的居蘭，幾日後正式拘捕好友。由始至終，當局沒有明確指控證據，Hakan Sukur被指參與政變，大部份資產慘遭查封，妻子的辦公室惡人打得稀巴爛，女兒收到恐嚇信。一年後，一家人忍受不了無限期的騷擾，毅然展開流亡生涯，寧願逃到三藩市淪為被通緝的「恐怖份子」。

來到三藩市，一切從新出發，他開了一家土耳其式咖啡店，惟屢次受到不明來歷的人士前來搗亂，無奈關門。由此開始，頭髮花白的他放下身段，成為Uber司機，並謂：「我有其他工作，開車是想接觸美國人，藉此學習英語。」然而，Hakan Sukur的簽證馬上到期，在美國的土耳其人建議他向特朗普求助，踢爆埃爾多安的臭史，「我不會這樣做，我愛土耳其，三觀同土耳其人沒分別。」

命中注定的門神
——Oblak

文：剛田武

剛田武

2014 年前，Thibaut Courtois 從馬競回到切爾西，然後購入名不見經傳的 Jan Oblak，很多人懷疑總教練 Diego Simeone 的決定；7 年後，Oblak 被譽為世界三大門神之一，身價飆升，更成為 Simeone 口中的「馬競梅西」。

小男孩最初踢球通常不想做門將，因為更容易獲得進球的快感。「我解釋不了為何會成為守門員，只能說我覺得天生就要成為守門員。」來自斯洛維尼亞的 Oblak，爸爸是業餘足球守門員，子承父業顯得順理成章，而且姊姊在斯洛文尼亞是籃球員，絕對是運動世家。

有其父、必有其子，Oblak 年僅五歲加入地區球隊受訓時，已經開始成為守門員，10 歲便被職業球隊 Olimpija Ljubljana 相中，展開青年軍生涯。「父親是人生第一個偶像，但他從未沒有強迫我做門將，只是小時候經常看見到他左飛右撲，英姿颯颯，於是立志要成為最優秀的門將。」他的第一個伯樂是 Olimpija Ljubljana 的門將教練 Robert Volk。

Volk 之前是球隊的守門員，但見到初生之犢的天賦後，決定大方讓出正選，並對管理層承諾：「給他機會吧，將來非池中物！」Oblak 年僅 16 歲已經代表一

線隊把守最後一關，經驗豐富，「當我升上一線隊後，大部份隊友的年齡比我大一倍，就像跟父母一起比賽，惟我從沒感到畏懼。」

Oblak 坦言回家時會「做回自己」，與朋友相處也會表現得像 16 歲的男生，但上場就會把自己視為成年人，「當你穿上球衣，就必須沉著應戰，沒有犯錯的理由。」2014 年，馬競花費 1600 萬歐元，由本菲卡簽下他，7 年過去，嘲笑聲變成讚美聲，其毀約金高達 1.2 億歐元。

今年 28 歲的斯洛維尼亞人轉會後上陣 299 場，多達 158 保持清身之身，迄今四次獲得西甲最佳門將獎項。到底門神有沒有甚麼武林秘笈？「守門員必須顧全大局，時刻留意場上的風吹草動，觀察力很重要，有時要在 1 秒內看到 100 樣事情，絕對不能分神，並仔細觀察敵人的小動作。」他說。

「位置感是不可或缺，頂級球星隨時可用假動作欺騙你，所以雙眼不能離開皮球，剩下的就是靠反應，這些都是平日訓練累積的成果。」他出道前已經非常欣賞 Edwin van der Sar、Gianluigi Buffon、Iker Casillas 等前輩，但影響最深的傳奇門將始終是前曼聯守護神 Peter Schmeichel，「無論遇到任何情況，他的第一反

應就是接穩皮球，而非純粹擋走它。」

　　義大利長青樹 Buffon 仍未言退，Oblak 期望職業生涯還有 10 至 12 年，相信也是所有前鋒的噩夢。

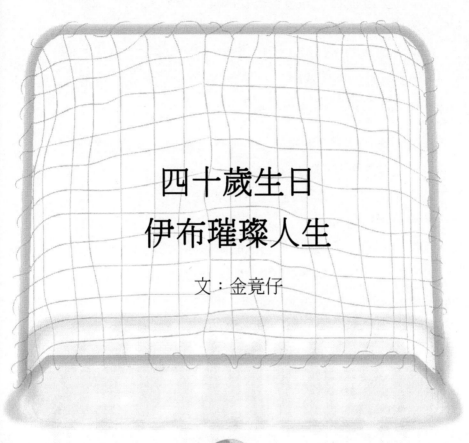

四十歲生日
伊布璀璨人生

文：金竟仔

金竟仔

評球品足

「對於自己的完美，我都沒有法子。」AC 米蘭前鋒伊布（Zlatan Ibrahimovic）的 2021 年 10 月 3 日度過了 40 歲生日，當今五大聯賽，也實在難不到第二個來到這個年紀仍效力豪門的前鋒，不喜歡就覺得他很自大，喜歡就覺得他很霸氣。

毫無疑問，他是一個傳奇，影響力已經超出體壇，早在 2013 年，瑞典就把 Zlatanera 列入字典，意思為「在某個範疇方面擁有統治的能力」。而且，瑞典曾為他出版紀念郵票，甚至把其樣貌印在鈔票上，儼如國民英雄。在巴黎，曾有餐廳以他命名漢堡 Zlatan Burger，售價 33 美元，份量超多，等閒之輩也難以吃掉整個包。事實是他在美國和瑞典都擁有自己的雕像，並謂：「世界上不會無緣無故有人為你打造雕像。」

究竟伊布有多厲害？這名霸氣前鋒在荷蘭、義大利、西班牙和法國贏過 11 次聯賽冠軍，拿過 33 個重要錦標，效力過尤文、國際米蘭、巴薩、巴黎聖日耳門和洛杉磯銀河等，曾經被球迷揶揄沒能在英超大展拳腳，結果轉投曼聯後踢進 28 球，貢獻 9 個助攻，證明自己有力在 30 歲之後仍在英超立足。

伊布在職業生涯總進球超過 560 球，其中兩次效力 AC 米蘭，進球達 85 個，並以 39 歲零 344 日建功，

刷新義甲最年長進球紀錄。計算國家隊和球隊的進球率，他只需 1.68 場就能踢進 1 球，非常驚人，而且上賽季義甲仍能上陣 19 場，踢進 15 球，很多後輩都望塵莫及（本賽季上陣 1 場踢進 1 球）。他總共上演 20 次帽子戲法，其中 4 次為國家隊所得，最喜歡的對手是法甲的聖伊天，交鋒 15 次，攻進 17 球。

伊布是武林高手，跆拳道已有黑帶，故經常在球場上做出高難度動作，更自信世界上無東西難到他，包括騎馬、釣魚等，之前在洛杉磯期間，聲稱考駕照筆試時 100% 答對。然而，保齡球可能是他的唯一弱點，當年曼聯時曾到明星球館 the All Star Lanes 打球，最高分只有 108 分，頭 20 位不入，前曼城後衛 Micah Richards 有 197 分、de Bruyne 有 160 分、Wayne Rooney 有 159 分等，就連巴神都有 110 分。

生日時，伊布還在養傷，但 AC 米蘭需要他；他為瑞典上陣 118 場攻進 62 球，國家仍需要他。

評球品足

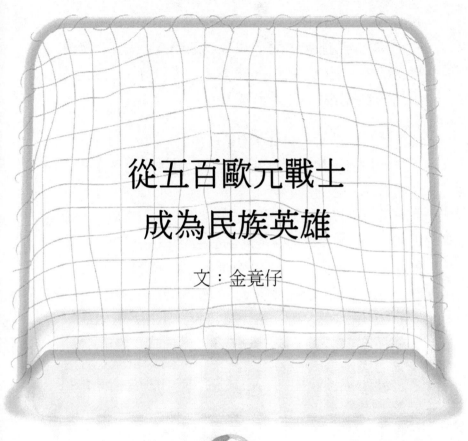

從五百歐元戰士
成為民族英雄

文：金竟仔

金竟仔

評球品足

　　武漢肺炎令歐洲國家盃決賽圈延遲 1 年舉行，卻就是因為這次疫情，才令北馬其頓名將 Goran Pandev從原本已經退役變為終於可以一圓參與國際賽大賽決賽圈的夢，對於這名年屆 38 歲，一度只值 500 歐元轉會費的老將來說肯定是因禍得福。

　　對於熟悉義大利足球的球迷來說，Goran Pandev就像老朋友一樣，因為他的職業球員生涯幾乎全在義大利渡過。他在 2000 年於家鄉球隊 Belasica 出道，只是踢了一個賽季便被國際米蘭收購。不過當年擁有 Ronaldo 等巨星的國際米蘭根本用不著這個年僅 18 歲的無名小子，所以先把他借到其他球隊鍛鍊。到了 2004年，由於國際米蘭希望羅致塞爾維亞名將 Dejan Stankovic，所以把 Goran Pandev 的一半擁有權當作籌碼讓予拉齊歐，轉會費則是象徵式的 500 歐元。

　　這次轉會改變了 Pandev 的命運，由於在拉齊歐表現出色，所以他開始成為義甲賽場其中一名常規正選前鋒，還在 2010 年 1 月得償所願重返國際米蘭，加盟不到半年便協助球隊贏取歐冠、義甲和義大利盃 3 項冠軍。可惜在 Rafa Benitez 接任總教練後，Pandev 便不受重用，在 2011 年 8 月更被外借到拿玻里。可是無論在拿坡里以及在 2014-15 年賽季轉戰土耳其聯賽，

Pandev 都沒能發揮以往的光芒。於是他在 2015 年夏天重返義大利效力保級球隊熱那亞,雖然年事漸高,而且球隊實力不濟,Pandev 還是對手不能小看的前鋒。

在國際賽方面,Pandev 從 2001 年便開始為馬其頓上場,不過馬其頓從南斯拉夫獨立後的國際賽成績不怎麼樣,在每一屆世界盃和歐洲盃資格賽都沒多少人覺得他們有能力晉級。及至 2020 年歐洲盃資格賽,他們也只能屈居波蘭和奧地利之後,以小組第 3 名完成賽事,在舊賽制來說他們已被淘汰。不過北馬其頓(在 2018 年 6 月更改國名)獲得新增的歐洲國家聯賽丙級聯賽小組冠軍,所以能夠與其他 3 支小組冠軍球隊爭奪一個決賽圈席位。

歐洲盃資格賽附加賽本來安排在 2020 年 3 月開打,可是因為肺炎疫情令決賽圈賽事延期一年舉行,資格賽附加賽也延至 2020 年 11 月才完成。本來 Pandev 已打算踢完 2019-20 年賽季便退役,不過難得有機會參與大賽決賽圈,所以他決定跟熱那亞再續一年合約,結果就是這名北馬其頓國家隊史上進球最多的球員,在附加賽決賽射進唯一進球,協助北馬其頓以 1 比 0 擊敗喬治亞,令北馬其頓建國 30 年來終於首次參與國際賽大賽。而在今年 3 月的世界盃資格賽,Pandev 更

在德國身上取得進球，協助國家隊歷史性首次擊敗德國。所以如果 Pandev 在歐洲盃決賽圈繼續進球率領隊友再創奇蹟，絕對不需要太驚訝。

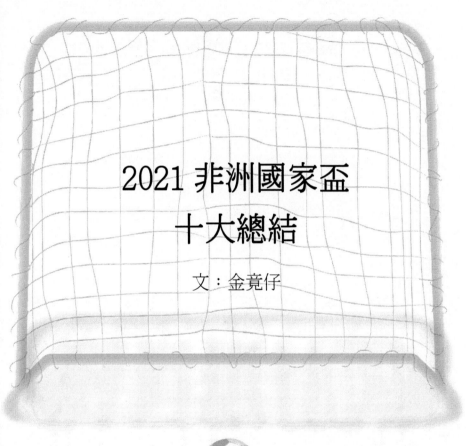

2021 非洲國家盃
十大總結

文：金竟仔

金竟仔

評球品足

　　本屆非洲國家盃曲終人散，塞內加爾與埃及在決賽悶戰 120 分鐘，忘帶射門鞋，互射十二碼險勝，奪得國家史上首個非國盃殊榮。利物浦雙星一個喜歡一個愁，馬內（Mane）興奮若狂，薩拉（Salah）黯然神傷。或許留意非洲國家盃的球迷不算多，但從另一角度出發的話，其實話題性絕對不少。

　　1.馬利集訓基地位於喀麥隆西部城市林貝（Limbe）附近，首場比賽對突尼西亞前數小時，球員正在訓練時，突然收政府通知，需要馬上緊急撤離，原因是附近爆發反政府武裝衝突，子彈橫飛，幸好最後球隊沒有球員受傷，但也嚇了一大跳。

　　2.馬利對突尼西亞時，尚比亞裁判西卡茲韋（Janny Sikazwe）居然在 90 分鐘內兩度提早吹響完場哨子，令人大感驚奇。當馬利職球員慶祝勝利時，突尼西亞總教練凱拜爾（Mondher Kebaier）就激烈投訴，但裁判毫無反應，連忙返回更衣室，但馬利總教練受訪途中，就收到非洲足聯通知，需要「完成餘下三分鐘補時」。不過，馬利隊回到球場後，突尼西亞拒絕妥協，最終比賽又沒有重新開始。

　　3.贊比亞裁判西卡茲韋事後解釋，「因為聽到上帝的召喚」，決定提早結束比賽，同時補充自己因中暑而體力不支。不過，熟悉規則的人該明白，這不可能是提

早吹完比賽的理由，因主裁判不適的話，可要求第四裁判頂替執法。

4.茅利塔尼亞面對甘比亞的比賽延遲開球，原因耐人尋味。當時主辦方播錯了茅利塔尼亞的國歌，之後第二次奏起國歌，依然出錯，手忙腳亂的工作人員最後要求茅利塔尼亞國腳「清唱」國歌，才能完成賽前程序。

5.獅子山共和國對象牙海岸言和2：2，獅子山門將卡馬拉（Kamara）面對哈勒（Haller）射門，居然撲錯方向，眼巴巴看對方踢進空門。象牙海岸門將桑加雷（Sangare）也送「回禮」，出迎時脫手，讓對手射進空門，之後更因這次撲球受傷。惟象牙海岸用盡了換人名額，只能由隊長奧里耶（Aurier）客串門將。

6.十六強階段，葛摩因三名門將無法披甲，被逼用左後衛阿哈杜爾（Alhadhur）串演守門員。這名只有172cm的矮個子把守門員球衣原有的16號塗黑，再用藍色膠紙印上3號，令人忍俊不禁。雖然如此，這名兼職門將有時面對攻門，會下意識把雙手收在背後，回復「後衛本能」反應，但整場演出已獲讚揚。可惜，球隊早場踢少一人，最終以1：2不敵東道主喀麥隆。

7.布吉納法索對突尼西亞的八強戰，突尼西亞教練出席發佈會時，突然有不明人士上前取走器材，包括電

線和麥克風等。人們以為這是明目張膽的偷竊行為,該名男子亦被警方拘捕,但後來才發現主辦方根本沒有支付租用器材的費用,男子才會出此下策,純屬一場誤會。

8.馬拉威總教練馬里尼卡(Marinica)對摩洛哥的十六強戰前夕,投訴主辦方「厚此薄彼」,對小國和強國的招呼不平等,他們需要自己清洗衣服之餘,連膳食也出現問題。他表示飯店內沒有提供奶茶或咖啡,之前入住時更有球員食物中毒,糟糕得不能接受。

9.前兵工廠隊長奧巴梅揚 (Pierre-Emerick Aubameyang) 走霉運,賽前先感染武漢肺炎,後來被發現心臟異常,不能參賽,但隨後回到倫敦檢查,卻又「一切如常」,令人嘖嘖稱奇。奧巴梅揚返回兵工廠後已被貶到預備隊,之後亦與球隊解約,自由身加盟巴薩。

10.本屆最值得表揚的事件,實非大好人馬內莫屬。這名紅軍球星在八強戰受傷入院,期間獲悉有小朋友遇到車禍嚴重受傷,但家人無法承擔醫療費用,便二話不說拿出 40 萬非洲法郎,即約 500 鎊,給對方治病和做手術,事後也高調公開。若非醫院員工最終向喀麥隆媒體透露事件,這起好人好事便會永遠埋在泥土之下。

率先重開的
土庫曼超級聯賽

文：金竟仔

金竟仔

幾乎全世界所有的足球聯賽因為武漢肺炎疫情影響，從 2020 年 3 月起開始停擺，只有白羅斯超和尼加拉瓜超無懼疫情如常比賽，中華企業聯賽和塔吉克聯賽則延遲展開新賽季。幸好隨著疫情在部分地區受控，已有聯賽準備重開，中亞國家土庫曼則在休戰一個月後，於 4 月 19 日便重開聯賽，成為全球首個因疫情中斷後重開的聯賽。

土庫曼跟塔吉克一樣是從蘇聯獨立的中亞國家，雖然手球才是該國最受歡迎的運動，不過土庫曼國家隊也曾經兩度參與亞洲盃決賽圈賽事，包括 2019 年一屆在資格賽「雙殺」台灣隊獲得晉級資格，可見該國足球也有一定水平。土庫曼超級聯賽在 1992 年便開打，首屆聯賽有 15 支球隊參與，包括 3 支原本參與蘇聯第 3 級聯賽的球隊，這 3 支球隊之一的科佩達格（FK Kopetdag）奪得首屆冠軍，科佩達格在首 8 屆聯賽贏了 6 次冠軍，是目前土庫曼超奪冠次數最多的球隊。

可是好景不常，1992 年首屆土庫曼超賽事完結後，便有 5 支球隊宣布退出，令第 2 屆聯賽只有 10 支球隊參與。土庫曼超及後一度有 11 支球隊參賽，可是自從 2018 年一屆開始便餘下 8 支球隊參賽。而科佩達格在千禧年奪得第 6 次聯賽冠軍後也不復舊觀，在 2007 年

更成為聯賽最後一名，縱然當年沒有降級制度，但也因此解散球隊，直到 2015 年由內政部支持下才重新組軍參賽，同年取得乙級聯賽冠軍，2016 年重返土庫曼超。

科佩達格沒落後，土庫曼超便由巴爾欽 FC（現改稱為巴爾坎納巴德油人，Nebitci）和國際土庫曼土耳其大學（HTTU）輪流坐莊，兩隊從 2004 至 2013 年合共奪得 9 屆冠軍。巴爾欽 FC 在 2011 年也在亞足聯主席盃兩度跟台電交手，先在初賽跟台電以 1 比 1 打和，再於決賽圈階段作客台北以 3 比 4 落敗。巴爾欽在 2 年後的主席盃決賽以 1 比 0 擊敗巴基斯坦的可汗研究室（KRL），成為首支奪得亞足聯錦標的土庫曼球隊。至於 HTTU 則在 2014 年的主席盃分組賽以 2 比 0 擊敗大同，然後在決賽爆冷以 2 比 1 擊敗北韓球隊鯉明水，成為最後一屆主席盃冠軍。可惜 HTTU 在 2016 年改名為 Yedigen 後的這一個賽季以最後一名完成賽季，從此絕跡土庫曼超。

至於近年稱霸土庫曼超的則是在 2008 年才成立的阿爾廷阿西爾（Altyn Asyr），這支球隊只花了 6 年便奪得聯賽冠軍，2016 年成為首支完成土庫曼超三連霸的球隊，而且他們一直在聯賽贏下去，去年不僅完成六連霸偉業，更追平科佩達格並列土庫曼超奪冠次數最

多球隊。而且阿爾廷阿西爾在 2018 年更打進亞足聯盃決賽，可惜以 0 比 2 不敵伊拉克球隊 Al-Quwa Al-Jawiya。

　　阿爾廷阿西爾本賽季開局不算完美，連同復賽後的一戰，首 3 場比賽只得 1 勝 2 和。相反最近 6 個賽季當中有 4 次成為亞軍的阿哈爾（Ahal）則在首 3 場聯賽全部贏球，昔日王者科佩達格在首 4 場聯賽也取得 2 勝 2 和，相信本賽季的土庫曼超級聯賽競爭將是近年最刺激的一次。

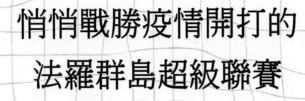

悄悄戰勝疫情開打的
法羅群島超級聯賽

文：金竟仔

金竟仔

評球品足

從 2020 年 3 月開始，全球絕大部分足球聯賽因為武漢肺炎疫情停擺或延期開打，台灣企業甲級聯賽也因此受影響，後來因為比其他聯賽提早展開比賽，而被球迷戲稱為「世界五大聯賽」之一。幸好隨著疫情放緩，各國聯賽也陸續回來了，法羅群島超級聯賽已於 5 月初展開新賽季，成為比德甲更早復賽的歐洲聯賽。

法羅群島位於北大西洋海域，剛好位於蘇格蘭、冰島和挪威形成的三角帶中央。法羅群島其實不是正式國家，十一世紀起是挪威一部分，到了 1814 年割讓給丹麥，從 1948 年起成為自治區。法羅群島由 18 個主要島嶼組成，合共只有 1,399 平方公里，面積比新竹縣還小，人口更只有 52,110 人（2020 年 1 月統計資料）。不過在這麼人煙稀少的地方，卻竟然有 3 級足球聯賽合共 30 支球隊存在，而且去年超級聯賽冠軍 KI 所在的第二大城市克拉克斯維克（Klaksvik）人口只有 5,117人，主場容量卻是 4,000 人，可見足球在法羅群島多受歡迎，這還要考慮到當地人民除了愛足球，也愛參與手球、排球和划艇等運動項目。

法羅群島聯賽早於 1942 年便成立，KI 便是首屆頂級聯賽冠軍。後來很多年來法羅群島聯賽主要是 KI 和兩支位於首府托爾斯港（Torshavn）的球隊，分別是

海港足球隊（簡稱 HB）和 B36 三分天下，這 3 支球隊合共獲得 52 屆聯賽冠軍，其中以 HB 的 23 次奪冠成為法羅群島史上最成功的球隊，最近一次奪冠是 2018 年。緊隨其後的則是應屆盟主 KI，不過他們在近年的成績不算很好，自從於 1999 年奪得第 17 次冠軍後，事隔 20 年才再登上法羅群島聯賽的頒獎台，在那 20 年間也只有 2016 和 2017 年獲得聯賽亞軍，本賽季首戰他們也以 0 比 2 敗北。

從 1989 年加入歐足聯和國際足聯起，法羅群島的國際賽成績確實不怎麼樣，雖然在每次歐洲盃和世界盃資格賽也能獲得勝利，可是每次資格賽都只有 1-2 次勝利是不足以讓他們登上大賽決賽圈舞台，而且多年來這地區也沒有足以為外人道出名字的球星，本賽季加盟德乙球隊比勒菲爾德的前鋒 Joan Simun Edmundsson 已經是僅有可以參與歐洲足球強國職業聯賽的法羅群島球員。在球會級賽事方面，法羅群島球隊也從沒有參與過歐冠和歐洲聯賽盃資格賽最後階段。而且法羅群島聯賽也只是半職業性質，不過縱然如此，法羅群島的足球參與者仍然樂此不疲，而且聯賽也並非只有來自丹麥或挪威等北歐鄰國的外援，還有來自匈牙利、喬治亞、塞爾維亞等東歐國家和非洲迦納的球員，對於法羅群島人來說，法羅超就是繼英超以外最

受歡迎的聯賽。

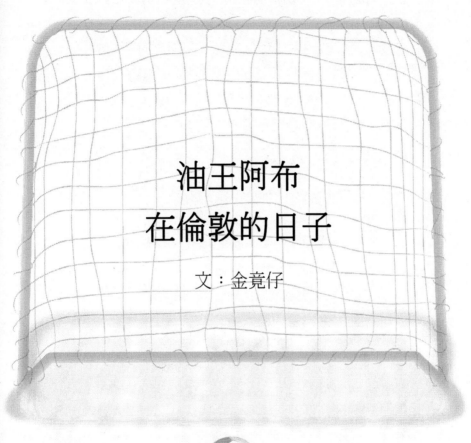

油王阿布
在倫敦的日子

文：金竟仔

金竟仔

評球品足

「你是世界上最好的老闆。」這是前切爾西隊長泰瑞（John Terry）的一番話，相信也是很多藍軍粉絲的心底話。隨著俄羅斯入侵烏克蘭，英國政府不斷施壓，與普丁關係密切的俄羅斯油王阿布拉莫維奇（Roman Abramovich）忍痛放盤。今時今日，商業足球要找到這種真心愛球隊的老闆，實在萬中無一。

「這是非常困難的決定，要用這種方式分開令人痛苦，但我相信這是符合球隊的最大利益，希望我還有機會回到史丹佛橋親自和大家說再見，能夠成為藍軍的一份子是我的榮幸，並為我們取得的榮耀感到驕傲，謝謝你們！」阿布宣佈出售英超勁旅切爾西，但不會收回 20 億鎊欠債，更會把出售的淨收益全數捐予烏克蘭戰爭受害者，絕對有情有義。

55 歲的阿布身世傳奇，本身是身無分文的孤兒，年輕時曾到前蘇聯軍隊服役，在軍中偷賣汽油賺錢，因此犯了盜竊國有財產罪名被捕，最後賠錢擺平事件。1991 年，蘇聯解體，他藉軍中人脈關係，大膽承包國有石油資源，飛黃騰達，上世紀九十年代末已成為俄羅斯最大寡頭富豪之一，「油王」之名由此而來。

阿布愛足球，2003 年花了 1.4 億鎊購入藍軍，再用 2 億多還債和增兵，當時整個英超只有富勒姆並非

由英國人擁有，正式揭開了「金元時代 1.0」的序幕。那支切爾西易手之前不過平凡的中游球隊，但位於倫敦切爾西（Chelsea）富豪區，粉絲多是中產和貴族，更有皇室成員。入主初期，他經常進球場打氣，並在包廂招待富豪朋友，齊喝香檳。

首個賽季，藍軍就花了超過 1 億鎊轉會費，羅致貝隆（Juan Sebastián Verón）、克雷斯波（Hernán Crespo）、馬克萊萊（Claude Makélélé）、穆圖（Adrian Mutu）、達夫（Damien Duff）等球星，之後一個賽季聘請了「狂人」摩里尼奧（José Mourinho）掌舵，新援德羅巴（Didier Drogba）、卡瓦略（Ricardo Carvalho）、費雷拉（Paulo Ferreira）和羅本（Arjen Robben）等更是藍色王朝的核心骨幹。2004/05 賽季，球隊全季僅失 15 球，相隔五十年後再獲頂級聯賽冠軍。

過去十九年，藍軍換了 15 名總教練，豪奪 21 項冠軍獎盃，包括 5 座英超、5 座足總盃、3 座英聯盃、2 座歐冠聯、還有最近取得的俱樂部世界盃等，同期與紅魔曼聯平起平坐，比之後崛起的曼城還要多 5 座冠軍。油王真心熱愛切爾西，粉絲看在眼內，自然對這老闆心存感激，並在英超作客班來時高呼其名。

「我也許比大家早點知道球隊賣盤，這是大事件，

評球品足

我認為老闆所做的所有決定都是正確的，當然這對球隊的未來會帶來巨大的改變。」藍軍主帥圖赫爾（Tuchel）表示。據知，目前至少有 4 名富商有意出手，突然更殺出了前 MMA 拳王麥葛瑞格（Conor McGregor），「藍軍以 30 億鎊出售，我們就買下它吧。」不過，藍軍社交網站卻有趣回應：「如果找他的話，不如找基恩（Keane）掌舵。」（兩個同樣是愛爾蘭人，同樣是著名體壇狂人）。由此可見，油王不希望賣給虛有其表的人，導致球隊前景黯淡。

事實上，阿布不僅大方買人，入主後還清債務，同時大力發展青訓和球探系統，長遠地造福藍軍。前高層阿內森（Arnesen）表示：「他不僅是買下切爾西，而是要一步步壯大它，而且他很努力認識足球世界，並用自己的金錢投資，而非借貸投資。」商業足球世界，豪門的老闆經常被支持者批評得體無完膚，能像油王一樣成功俘虜人心的，絕無僅有。藍軍結束了一個時代，也是英超一個時代的終結。

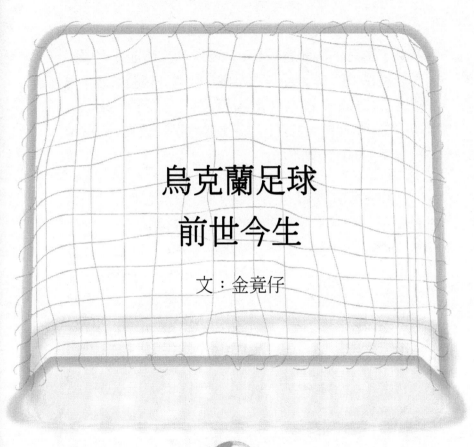

烏克蘭足球
前世今生

文：金竟仔

金竟仔

評球品足

俄羅斯打響了第一炮，歐洲戰局風雲色變，烏克蘭全民皆兵，政府已宣佈全國體育活動至少暫停一個月。本賽季烏克蘭超聯進行了十八輪，勁旅頓涅茲克礦工暫居榜首，以 2 分優勢力壓傳統豪門基輔發電機，惟復賽遙遙無期。多名身在烏克蘭的巴西外援，求助無援，只能帶同家人躲在飯店，並拍攝影片求救，希望獲專機前往當地協助撤離。

烏克蘭立國超過三十年，戰火爆發前人口超過 4400 萬，但烏克蘭國家隊並非在前蘇聯解體後才誕生的。前蘇聯解體前由 15 個加盟共和國組成，烏克蘭是其中之一，並於 1928 年 8 月，有份派隊參加蘇維埃共和國國家隊和莫斯科市隊之間的錦標賽。賽前，烏克蘭國家隊與來自烏拉圭的「紅色體育聯合會」進行兩場友誼賽，首場輸 1：2，第二場贏 3：2。

正式的錦標賽上，烏克蘭當時打了 3 場，先後擊敗白俄羅斯和外高加索，在第 3 場以 0：1 負於莫斯科市隊。因烏克蘭不被國際足壇承認，沒能參加正式國際賽，故最初只能與其他國家舉行友誼賽，包括 1929 年在哈爾科夫的表演賽以 4：1 大勝奧地利。直至上世紀八十年代，烏克蘭迎來史上首個高潮，全因前蘇聯陣中由多基輔發電機主力組成，更有像《男兒當入樽》的安

西教練——殿堂主帥洛巴諾夫斯基（Valeriy
Lobanovskyi）！

　　當年前蘇聯在歐洲風光一時，全靠基輔發電機支
撐主力陣容，如 1975 年歐洲足球先生布洛欣（Oleg
Blokhin）、1986 年歐洲足球先生別拉諾夫（Igor
Belanov）等，並培育了幾代足壇人才。1986 年世界盃，
前蘇聯是熱門之一，可惜被比利時淘汰出局，更在 1988
年歐洲盃殺得性起（主力有 7 人來自烏克蘭）分組賽
擊敗荷蘭和英格蘭，四強對義大利勝 2：0。決賽，他
們再遇荷蘭，別拉諾夫操刀十二碼宴客，范巴斯滕
（Marco Van Basten）打進零角度的世紀金球，飲恨
而回。

　　蘇聯瓦解，烏克蘭於 1991 年 8 月 24 日獨立，結
束長達三百三十七年與俄羅斯的結盟，可惜大樹好乘
涼，多名烏克蘭人沒有歸國，繼續代表俄國，導致國家
隊缺乏競爭力。而且，國際足聯視俄國為「正宗」，並
代蘇聯參加 1994 年世界盃資格賽，烏克蘭尚沒能加入
FIFA 大家庭，財力和人力匱乏，只能在夾縫中掙扎求
存。

　　1998 年世界盃資格賽，烏克蘭盡了最多努力，屈
居強國德國隊之下，只得小組第二，附加賽負於克羅埃

西亞。千禧年是分水嶺，舍甫琴科（Andriy
Shevchenko）、蒂莫斯楚克（Anatoliy Tymoshchuk）、
羅布雷夫（Serhiy Rebrov）、沃羅寧（Andriy Voronin）
等黃金一代冒起，逐漸成為歐洲一匹黑馬，但直至 2006
年世界盃才首次晉級決賽圈，並順利殺至淘汰賽。十六
強面對瑞士，烏克蘭獲幸運女神眷顧，互射十二碼晉級
八強，但被最後冠軍義大利踢走。

遺憾是遺憾，烏克蘭未能乘勝追擊，2008 年歐洲
盃和 2010 年世界盃同樣倒在資格賽，加上核彈頭舍甫
琴科掛靴，改朝換代，勢在必行。雖然今日國腳：亞莫
連科（Andriy Yarmolenko）和亞列姆丘克（Roman
Yaremchuk）實力不差，但要與黃金一代相比，仍然未
成氣候，目前只是排名世界第 27 位。

前蘇聯甲級聯賽存活了超過半世紀，合共 63 隊參
賽，烏克蘭就有 12 隊之多，奪冠次數最多的並不是莫
斯科群雄，而是真正霸主基輔發電機，總共奪得 13 次
冠軍，9 次盃賽冠軍，一度成為蘇聯豪門的代名詞。

1992 年春天，首屆烏超拉開戰幔，惟因當時局勢
緊張，籌備時間不足，賽程只能大幅縮減。當時，20 隊
分為兩組，兩組榜首爭奪總冠軍榮譽。世事如棋，來自
被俄羅斯吞併的克里米亞球隊辛菲羅波爾（Tavriya

Simferopol），在決賽擊敗基輔發電機，拿到隊史唯一聯賽冠軍。

毫無疑問，舍甫琴科母會基輔發電機當時依然是烏克蘭首屈一指的豪門，由 1993 年至 2001 年，就連續 9 次奪得烏超錦標，壟斷整個局面，直至礦產大亨豪花鈔票，打造頓涅茲克礦工的崛起 2001/02 賽季，礦工保持全季不敗，以 20 勝 6 和力壓基輔發電機封王，拿到冠軍，之後更在 20 個賽季拿到 13 冠，巔倒烏克蘭聯賽面貌。

對年輕球迷而言，頓涅茲克礦工才是他們心目中的烏克蘭足球代表。然而，自 2014 年起，頓涅茨克州頓巴斯地區成為政府軍和武裝份子交火的重要地帶，頓涅茲克礦工先後借用兩個主場，再在 2020 年遷到基輔，與死敵基輔發電機共用球場，拱手讓出「主場之利」，當下更是有家歸不得，令人萬分感慨。

祝願烏克蘭戰爭早日結束，當然更希望世界和平！

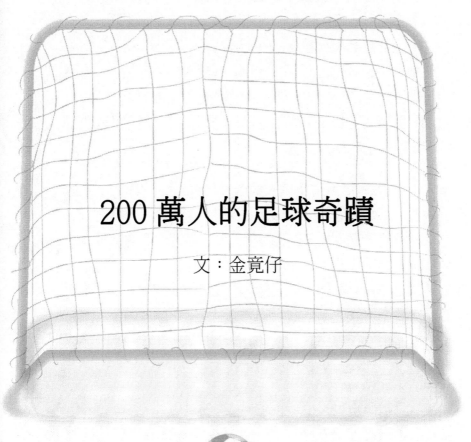

200 萬人的足球奇蹟

文：金竟仔

金竟仔

　　「當我加盟國際米蘭時，我已做好心理準備要客串後衛，畢竟當時鋒線人才濟濟，只要球隊獲勝，你的角色是甚麼不再重要。」被譽為「北馬其頓球王」的潘德夫（Goran Pandev）道出了國民的生存之道，小國球員想在海外立足，首先要懂得能屈能伸。雖然世界盃附加賽決賽最後給葡萄牙淘汰，北馬其頓已經創造了國家史上的輝煌一頁！

　　1991 年，南斯拉夫解體，馬其頓隨即獨立，目前人口約 200 萬。馬其頓族主要信奉東正教，人口約 25% 為阿爾巴尼亞族，多數為穆斯林，小部份天主教徒。即使人口不多，但不同種族卻是其有信念，阿爾巴尼亞馬其頓人，通常支持阿爾巴尼亞或科索沃國家隊，而非北馬其頓。2019 年受到鄰國希臘的壓力，國家改名為「北馬其頓」，引發國民大規模示威抗議。隨後，就連國家最重要的體育場館也要被迫改名。

　　然而國家再小，也無損人民對足球夢，不僅在去年歐國盃打進決賽圈，也在世界盃資格賽分組賽贏過德國，並在附加賽準決賽力克歐洲冠軍義大利。一眾附加賽國家中，他們的面積最小，人均 GDP 最低。談起北馬其頓足球，人們除了知道 38 歲老將潘德夫之外，恐

怕對他們也是一問三不知。事實是潘德夫仍未退役，歐國盃圓夢後離開國際賽，目前效力義乙球隊帕爾馬。

面對陣容不整的義大利，北馬其實也失去了效力拿玻里的王牌艾爾馬斯（Elif Elmas），這名 22 歲中場身價達 2400 萬歐元，全隊最高。有份上陣的 15 人名單上，僅有迪米特列夫斯基（Stole Dimitrievski）和巴爾迪（Enis Bardhi）身在五大聯賽（同在西甲），有些在沙烏地阿拉伯，有些在克羅埃西亞，簡言之，就是一支沒有球星的「草根」球隊。

最大的諷刺是，前鋒特拉伊科夫斯基（Aleksandar Trajkovski）對上兩個賽季在馬約卡，聯賽也沒有進球，本賽季轉到沙烏地聯賽也未尋回射門鞋，偏偏對義大利踢進歷史的金球。這名 29 歲球員曾在 2017 年世界盃資格賽，踢穿義大利的大門，想不到五年後重演歷史，而且他曾效力義乙的巴勒摩，而這場作客義大利的比賽場地，正正就是巴勒摩！

說回北馬崛起，早就有跡可尋。雖然他們多年來只是歐洲大弱隊，人見人愛，至 2017 年世界排名仍在第 166 位，但近兩年已成為「硬骨頭」。隨後短短八個月，北馬進步神速，排名跳升至第 76 位，哪怕歐國盃小組賽三戰全敗，但已經完成了進化，世界盃資格賽，他們

是唯一令德國失分的國家隊，敢說這是純粹的走運嗎？

足球是團體運動，對小國而言，「時勢」是舉足輕重，看看北馬主力年齡結構。對義大利的正選名單，兩名國腳是 1998 和 2000 年出生，5 人是 1993 至 1995 年出生的當打之年，還有 4 人是 30 歲或以上的老將，意味剛好齊集老中青三代，配合恰到好處，可遇不可求。

事實上，當中有 4 名國腳來自 2017 年的 U21 陣容，那屆賽事，U21 為北馬各級別國家隊締造歷史，成功取得 U21 歐國盃決賽圈席位，也是國家擺脫「大弱隊」之名的分水嶺。其時，北馬 U21 同組有法國、烏克蘭、蘇格蘭和北愛爾蘭，面對登貝萊（Ousmane Dembélé）、拉比奧（Adrien Rabio）等球星的法國，竟然兩戰保持不敗，爆冷取得首名出線。毫無疑問，26 歲的巴爾迪能勝大任，現效力萊萬特，首個賽季已坐穩主力，西甲球迷一定認識。

追回遠因，大概是 2016 年北馬足總所制定「十年計劃」有關，目標之一是提升國民對足球的興度，截至 2021 年，男性註冊足球員超過 3.4 萬，各級別教練員超過 1000 人，裁判有 900 多人，全國有 127 支地區球隊，110 所小學參與校園足球。只要政府願意帶動，發

展自然事半功倍，北馬參與足球的人口數量僅次「健身」，便可見一斑。

　　作為協調和監管機構，各國足總通常不受民眾歡迎，但奇怪的是，北馬足總近年致力改善基礎設施和提高施政水平，人們有目共睹，去年的支持度由 52%，升至 71%，極其罕見。當然，近兩年國家隊成績持續改善，多次與勁旅平分秋色，也是足總形象變好的成因。總結來說，有心不怕遲，冰島做得到，北馬做得到，為何我們做不到？別再為自己製造「失敗」的理由。

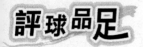

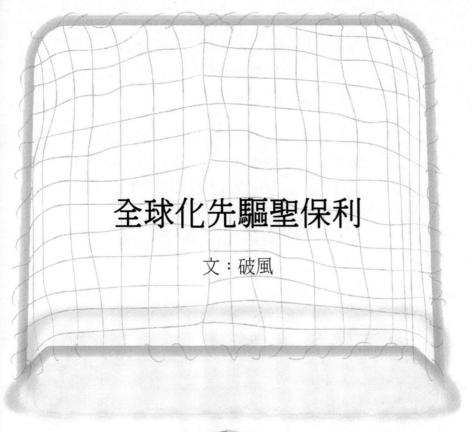

全球化先驅聖保利

文：破風

　　很多人認為，職業球隊需要成績好，常常拿到冠軍，才能「吸粉」，但凡事總有例外，比方說，本賽季差點捲進保級漩渦的德乙球隊聖保利。如無意外，台灣球迷對聖保利的印象不會太深，畢竟，他們在過去 18 個賽季，其實僅僅亮相一次德甲。

　　有趣的是，建隊 110 年的聖保利，「吸粉」能力超強，全球擁有 400 多個官方球迷組織，社交網站的留言經常有多國語言。而且，他們的主場幾乎場場爆滿，過去上演大戰前，曾要加裝臨時觀眾席。目前為止，他們的官方臉書擁有 59 萬多粉絲，連一些英超隊也要望其項背，像布萊頓和謝菲聯等不過只有 29 萬而已，可想像聖保利的魅力非同凡響。

　　聖保利史上只有 8 個賽季角逐德國頂級聯賽，但無阻粉絲無條件支持，上世紀八十年代是轉捩點，當時球隊無懼輿論壓力，反法西斯、反種族主義、反性別歧視、支持同性戀等立場鮮明，儼如主場館的「傢具」一樣，到處可見，更是德國首支明言禁止民族主義活動的球隊。而且，球隊擁護著 15 條核心價值，「球迷優先」是大前提，而且要克盡社會責任、開賽時間便利當地德國人等。

聖保利選擇與球迷走得很近，堅持開誠佈公，多年前曾想過出售主場冠名權，增加穩定收入，但遭反對後決定擱置，每年數百萬歐元見財化水。更甚的是，球隊賽前的會議記錄，原來免費開放給公眾查閱，絕對公開透明。球隊如果發現場內的廣告商曾發表歧視言論，也會敬而遠之，寧願不要錢，也要堅持核心價值，因而得到球迷的信任和寵愛。

1989 年，聖保利計劃興建多功能新主場館，可惜又被大批球迷反對，計劃胎死腹中，當年有份參與抗議的 Michael Pahl，今日成為聖保利博物館（由球迷眾籌興建）的主席。「我們是一種現實，不想隨波俗流，走自己的路，並在商業足球世界中盡可能保持自己的價值。」他說。

「我們會聽所有人的意見，從中尋找共識，當然不可能滿足所有人，但聖保利樂意聆聽。」Michael Pahl 認為愛隊是一種身份認同，代表著現代社會失去了的價值觀，「球迷可以選舉董事會內的代表，代表自己去發聲。」球隊現任主席 Oke Gottlich，本身也是聖保利的多年粉絲，自 2014 年獲球迷票選入閣。

骷髏頭和兩個交叉大腿骨組成的海盜旗，是聖保利粉絲的非官方象徵，乍看有點「嚇人」，但他們的大

評球品足

愛卻非比尋常。作為財力有限的地區球隊，又打著「球迷優先」的旗號，財政上難免飽受巨壓，2003 年陷入了財困，粉絲們自發舉行賣 T-shirts 籌款活動，集資 195 萬歐元，成功化險為夷。或者聖保利是自身難保，但卻在 2005 年發起行動，為遠在古巴的學校募捐，增加飲用水設備，令人動容。

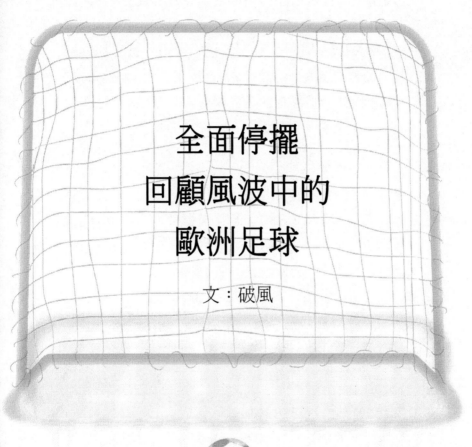

全面停擺
回顧風波中的
歐洲足球

文：破風

破風

　　足球，簡直是歐洲人不可或缺的精神食糧，就算戰雲密佈、槍林彈雨，依然會冒死進場看球、吶喊歡呼，不管一戰抑或二戰，歐洲諸國也不像這次武漢肺炎疫情般全面暫停聯賽。溫故知新，假如撇開「金錢」的左右，重開聯賽後的可能性確實無限大，只是商業足球利益掛帥，決策者又怎能只講理念、不談鈔票？

　　現代足球發祥地英格蘭，於 1888 年成立全球首個職業聯賽，直到第一次世界大戰開火，1913/14 賽季英格蘭聯賽正常完成，之後一個賽季也無意腰斬，即使全國開始徵兵出戰，但球場卻是一個文宣好地方，愈來愈多球員為國捐軀，一去不返，當時勁旅萊頓東方更加全隊當兵，奮勇殺敵。即便如此，1914/15 賽季在壓力下完成，太妃糖埃弗頓奪冠，本應降級的切爾西因禍得福，藉聯賽擴軍而獲得挽留。

　　一戰阻不了英格蘭足球，惟二戰終使他們「停擺」。1939 年 8 月 26 日，1939/40 賽季英格蘭頂級聯賽揭幕，球迷無懼外面的炮火，1939 年 9 月 1 日，德國大舉入侵波蘭，英格蘭聯賽如期上演，兩日後時任首相張伯倫正式宣戰，導致聯賽完成三輪後停擺，黑池當時以全勝姿態居首。然而，所謂「停擺」只限全國聯賽而已，9 月 14 日英政府宣佈，容許各隊進行友誼賽，只是進場

觀眾不得超過 8000 人，後來更放寬到 1.5 萬人，故此地區聯賽紛紛成立。

考慮到對賽球隊之間的距離不得超過 50 英里，以保障球員和球迷安全，當時英格蘭聯賽分為七個區域，其中倫敦一區集結阿森納、切爾西、熱刺和西漢姆等，儼如迷你版英超。魔頭希特勒佔領波蘭後，英格蘭出現了「戰爭盃」，總場數 147 場比賽，要在 9 星期內完成，賽程密度比今日有過之而無不及。但，野心勃勃的德軍入侵法國，冠軍仍未誕生。

1940 年 6 月，「戰爭盃」決賽前英倫三島上空拉響空襲警報，卻多達 4.2 萬人湧進溫布利球場，觀看鐵槌幫西漢姆對黑池，結果 Sam Small 一箭定江山，帶領鐵槌幫奪魁而回，一個月後德軍向倫敦投下首顆炸彈，城內滿目瘡痍。由同年 9 月至 1941 年 5 月，德國空軍瘋狂進攻，對英國作出 127 次大規模夜間襲擊，造成至少 6 萬平民喪生，多座球場損毀嚴重，包括切爾西主場史丹佛橋、南安普敦主場山谷球場等，而阿森納的海布裡被臨時改為空襲預警中心，故此一度要同世仇熱刺共用白鹿巷球場。

為何甚麼停頓了，獨獨球賽繼續上演？時任首相邱吉爾相信，國民不該為了生存而活下來，同時需要娛

樂活動，也認為足球有助團結和提升國家士氣，因此在二戰期間，比賽就是抵抗外敵的強心針。

值得一提，英國足球真英雄 Harry Goslin。1939 年 3 月中，德軍入侵捷克斯洛伐克，4 月 8 日主場對黑貓桑德蘭前，這位博爾頓隊長向球迷們發表一篇慷慨激昂的講話：「當國家處於危急關頭，如果每個人保持冷靜，該做就做，我們就能戰勝這一關，這是每個人的責任。」

30 歲的 Goslin 擔任後衛，身材高大、個性直率，開戰後與其餘 31 名隊友參軍，餘下 3 名隊友投入了後勤工作。他被調到第 53 博爾頓野戰團，有時與隊友回到博爾頓踢地區聯賽，期間曾代表英格蘭在友誼賽對蘇格蘭。戰事全面爆發後，博爾頓野戰團被派到法國支援，並遭到德國裝甲師伏擊，而 Goslin 就憑一己之力，李小龍「上身」摧毀了 4 輛戰車，榮升中尉。

戰火無情，野戰團的 17 名球員中，只有 Goslin 等 6 人安全撤回英國，花了兩年守護英國海岸，並在 1942 年夏天前往北非戰場，進逼埃及開羅的 Erwin Rommel。10 月盟軍大反撲，把沙漠之狐趕出北非，博爾頓野戰團戰到義大利，一度陷入苦戰，多名博爾頓隊

友受重傷，Goslin 亦被碎片擊中背部，幾天後登上極樂，34 歲英年早逝。

英格蘭足總於 1945 年公佈的統計顯示，二戰結束時共有 700 多名球員奔赴戰場，91 人來自狼隊、76 人來自利物浦、65 人來自哈德斯菲爾德、63 人來自萊斯特城......可惜，古來征戰幾人回？「足球無關生死，足球大於生死。」前利物浦總教練 Bill Shankly 的豪言被誤解，很多人忘了他也是有份參與二戰的球員之一。

說是「停擺」，英格蘭足球就算在戰火之下，也沒有真的停止，反而華文媒體較少提到的「大冰雪」（Big Freeze），卻令英國足球不得不休息一會。話說 1962 年下旬到 1963 年 3 月，英倫三島遭遇史無前例雪季，超過兩個多月積雪不溶，數百場比賽受到波及，反而有球隊要求提前結束，最終 1962/63 賽季縮短了 3 個月。

1963 年 1 月，英國氣溫達到攝氏零下 16 度，擁有傳奇門神 Gordon Banks 的萊斯特城表現未受影響，在多個「冰場」作賽取得佳績，剩下五輪時仍然獨佔鰲頭，更闖入足總盃王者之戰，故被封為「冰之國王」。果然，「冰之國王」在冰雪逐漸融化後，表現隨之滑落，當其他球隊逐漸完成補賽後，萊城亦被反超前，最終只是排名第 4 位，埃弗頓奪得最終冠軍。

　　「聯賽當局想我們完成賽事，但許多球隊怨聲載道，相反，我們陣容年輕，反應不大，沉著應戰，愈戰愈勇，也可能陣中超過 4 分之 3 是蘇格蘭人，早已習慣寒冷的天氣。」萊城中衛 Frank McLintock 憶述當時情況：「大部份球場未符合比賽要求，Banks 會準備兩雙球鞋，一隻腳穿有鞋釘的，另一隻腳則穿皮靴。」

　　80 歲的 McLintock 再說：「我以前去公園練習頭球，比起結冰的石頭一樣重，就算在暴風雪中加練也一樣，連教練都目瞪口呆。」萊城比賽每周吸引到 4 萬人觀戰，士氣如虹，但他認為今次疫情比半世紀前嚴峻：「武肺病毒比大冰雪危險得多，影響整個世界。」

如果他不是球員
或許會是送信人

文：破風

破風

評球品足

每個人都有故事，雖未必每個都是可歌可泣、驚天動地，但只要細嚼起承轉合，箇中往往是大有文章：可能是勵志、可能是感動、可能是悲傷，人生就是五味紛陳。比利時國腳 Thomas Meunier 如果不是足球員，今天依然是面對風吹雨打，但送出來的不再是助攻，而是為我們傳達祝福、關愛和溫暖的送信人。

比利時在本屆世界盃小組賽對突尼西亞，今年 26 歲的 Meunier 送出一記漂亮的助攻，造就中鋒 Romelu Lukaku 建功，誰能料到，他首次穿上國家隊戰衣前的 3 年，工作是四處奔跑的郵差。很多球星年少成名，Rooney 年僅 18 歲已為人認識，但同年 Meunier 的人生卻處在十字路口中央，只能轉去郵政局服務。

他來自比利時小鎮，每天清晨 5 時起床，準備送信的工作，就算傾盆大雨，還得下車走 50 米到郵箱，然後每隔 10 米重複一次動作，停車、下車、跑到郵箱，分好信件，鑽回車廂，難怪每天下班都筋疲力盡……情節有點像光怪陸離的荷里活電影，一切由 2010 年說起。

老 Meunier 是性格嚴屬的大男人，經常吹毛求疵，做過業餘足球員，可惜後來放棄了職業夢，自小就同兒子一起訓練，非打即罵，並寄託兒子實現自己的足球夢。每逢星期日，Meunier 一家人都去球場看父親踢

球，以致全家都成為球迷，甚至祖父母都成為狂熱份子。而事實是，歐洲很多小鎮生活單調，除了運動之外，沒甚麼可做，包括這個只有 2000 人的小鎮，小 Meunier 的日常生活就是學校、足球和健身。

天有不測之風雲，性格溫和的他，在 12 歲時目睹父母離婚了，此後與姐姐母親居住。母親是職業護士，工作由上午 6 時到下午 2 時，然後再去打掃房間賺外快，通常 9 時才能回家，休息一會兒再到餐廳兼職，故此兩姐弟的起居生活基本上由外祖父母照料，為人顯得比其他同輩更成熟、踏實。

父母離婚後一年，Meunier 獲得比利時勁旅標準列日的青年軍青睞，看見逆轉命運的曙光，但因路途遙遠，不得不獨個兒離家，入住球隊附近的寄宿學校。度過忘不了的兩年甜苦時光。人生好奇妙，當他以為走上職業球員的康莊大道時，突然間晴天霹靂，15 歲那年與母親一起到辦公室，青年軍教練簡單拋出一句：「我們要和你的兒子解約了。」少年不識愁滋味，他沒想太多，反而打算過回普通學生的生活，看電影、打遊戲和把妹子。父親是全家最失望的人，身兼多職的母親亦沒「罷休」，高壓式勒令：「必須踢下去。」沒辦法之下，母親唯有替兒子計劃，主動致電給一家叫維爾頓的小

球會，告訴教練：「兒子以前在標準列日踢球，現在被解約了，能過來試訓嗎？」那場青年軍試訓賽，Meunier光芒四射，獨取 10 球，帶領球隊大勝 15：3，教練賽後走過來說：「小子，想要哪個號碼？」維爾頓不過是比利時丙級球隊，一線球員的周薪只有 400 歐元，全部都是業餘球員。

若非母親的一通電話，他的足球夢早已幻滅，但是，父親信誓旦旦揚言不會看維爾頓的比賽，但有一個晚上，他在一線隊比賽時，抬起頭看四周，赫然發覺熟悉的身影獨坐球場角落，原來是刀子嘴豆腐心的老父。

高中畢業，他無法再升學，當球員的收入不夠糊口，惟有當了 4 個月的臨時送信人，之後轉到汽車工廠任職，學習從頭開始裝配車輛，其崗位是擋風玻璃，做過很多名車如梅賽德斯、雷諾、雪鐵龍、歐寶等，由早上 6 時到下午 2 時，下班後到球隊訓練，當時仍然擔任前鋒。

Meunier 天生球感良好，射術出色，加上 1 米 90的身高，由頭球到 50 碼遠射，簡直是丙級聯賽的「球王」，進球片段甚至在 YouTube 上瘋傳，踢進的世界球多不勝數，一夜間身價差不多升至 10 萬歐元。當社交平台出現，別再抱怨懷才不遇，千里馬總會遇上伯

樂，YouTube 把不可能變成可能，19 歲的他收到經紀人的電話：「布魯日想挖你過檔。」

當他要和布魯日簽約前，父親打電話過來祝福他，連外祖父也打電話給他，因為布魯日就是外祖父的愛隊。是巧合嗎？外祖父一手養大的孫兒，長大後成為愛隊的球員，豈不是變相為布魯日製造「精兵」？

自從在布魯日完成處子秀後，Meunier 便從來沒有在正選名單落選，首兩年仍然是前鋒，後來改為擔任右後衛。2013 年，他第一次獲比利時國家隊徵召，母親引以為傲，獲悉後自然四處「宣傳」，逐一告訴全村的鄉民，提醒每個人記得收看直播——整個小鎮首位「歐洲紅魔」誕生了！

2002 年日韓世界盃，比利時八強對巴西，中場 Marc Wilmots 先拔頭籌，裁判離奇地判定進球無效，於是 Meunier 獨自在房間嘩啦大哭，人生第一次覺得世界是不公平的。14 年後，總教練 Wilmots 帶他前往首個洲際大賽，那就是 2016 年歐國盃（上屆世界盃有份備戰，但無緣入選終極名單）。

2015 年 12 月，他的兒子出生，揭開人生的新開始，然後跟隨布魯日贏得比甲冠軍，更為國家隊挑戰歐

洲盃，之後一登龍門，簽約法甲豪門巴黎聖日耳曼，短短半年時間，像發夢一樣，幸而夢想成真。現在，Meunier 即將迎來一個新生命，比利時國家隊能走得更遠嗎？

足球世界是殘酷而現實，Meunier 回憶從前：「小時候，總聽到別人說我能成為職業球員，也會聽到他們說那個、那個、那個也會成為職業球員，幾乎所有隊友都能成功，長大後發覺那不是真心話，標準列日時期的隊友，現在沒有一個仍在踢球。」由汽車工人到成為 Neymar 隊友，他仍盼望尋找一個答案，為何有機會成為職業球員？宿命，這就是宿命。

莫問出處
亞特蘭大白頭教練
Gasperini

文：破風

評球品足

　　神奇球隊亞特蘭大在 2019-20 歐冠八強，大部份時間領先之下，被巴黎聖日耳曼反勝為敗，無緣晉級，但對白頭教練 Gian Piero Gasperini 而言，能夠化雜牌軍為神奇，足以把多年前任教國際米蘭時被一沉百踩的冤屈氣，一吐而盡，證明自己的執教能力。

　　Gasperini 小時候是鄉巴小子，住在小鄉村 Grugliasco，母親是賣魚販子，父親汽車廠工人。因老父是尤文粉絲，小 Gasperini 自 9 歲就加入尤文青年軍，每次訓練要坐40分鐘公車再轉電車才能到達球場，正因如此，這種生活培養了他的獨立性格。他拿過 U17 全國冠軍，隊友包括後來大名鼎鼎的 Paolo Rossi。

　　不過，Gasperini 長大成人後，球員生涯幾乎毫無亮點，也從未為尤文一線隊披甲，最光采的一頁恐怕是在佩斯卡拉時留下來的。當年，球員仍然上場時仍可佩戴小飾物，Gasperini 面對拿玻里的馬拉度納，「不小心」用手上的戒指擊中對方嘴巴，流血不止，使對手需要馬上找牙醫看看，幸好牙齒沒掉，只是嘴唇要縫針而已。

　　他在1993年掛靴，做過金融顧問，投資股票，緣來緣去，不久回歸足壇，目的地正是尤文，任教老婦人青年軍，同時負責其家鄉的球探活動，找到了

Sebastian Giovinco。有一次,他被尤文派到歐洲各國考察,有幸欣賞到範加爾率領的阿賈克斯,亦因如此,其戰術模型便以主攻型三中衛為基礎。

2003 年,Gasperini 正式展開執教生涯,並兩度成為熱拿亞總教練,總共度過了 7 年光陰,第一次是 2006 年。他勇於提拔小鮮肉,經他手出來的包括 Stephan El Shaarawy、Mattia Perin、Stefano Sturaro、Roberto Gagliardini 和 Andrea Conti 等。2008/09 賽季,熱拿亞獲得義甲第 5,19 年來首次取得歐洲賽席位,Gasperini 的名字首次成為豪門目標,終在 2011 年獲國際米蘭賞識。

事與願違,Gasperini 滿以為那是他的人生高峰,但藍黑軍團賽季初踢了 5 場,輸了 4 場,他便黯然下台,一念之間墮進了人生低谷。原來,這位白頭教練在熱拿亞時,控制權比一般主帥大。話說上任首個賽季,球隊的體育總監被罰停賽,他半推半就下兼任體育總監,負責買賣球員,職務相當於英格蘭足壇的總教練,首個賽季已帶隊重返義甲,榮膺義乙最佳教練,這一點也間接解釋了轉到國米後,落得慘淡收場的原因。事實上,他在國米沒有買人話語權,9 名新援與其理念風馬牛不相及,同時他又堅持三中衛陣式,以致引起球員反

感。

　　就如瓜迪奧拉去年所說：「對陣亞特蘭大像看牙醫般痛苦。」62 歲的白頭教練自 2016 年執教亞特蘭大，踢出脫俗的進攻足球，本賽季雙線發展，依然能夠打進歐冠區，同時晉級歐冠八強，難能可貴。其實，人生在世，只要你想為自己爭一口氣，機會總會到來，看看阿特蘭大的草根陣容，沒有任何球星，又不是年輕力壯，但是，每個人都想為自己出一口氣。

　　哥倫比亞雙寶 Luis Muriel 和 Duván Zapata 同為 29 歲，前者由塞維利亞放棄，後者多個賽季進球只有單位數；Mario Pašalić 先後被切爾西 5 次租借，從未為一線隊披甲；Josip Iličić 被情緒病困擾的球員，歐冠八強缺陣後盛傳夏天退役；Marten de Roon 曾到米杜士堡，卻被揶揄只有英冠級別；身高 1 米 67 的小巨人 Papu Gómez，長期被阿根廷國家隊無視。草根球隊也可以踢出高端足球，最重要是，你還有夢。

最後的蘇格蘭王

Ferguson

勇武打人‧監控球員‧

怒懟老闆

文：破風

破風

　　心難常皎潔，有日惹塵埃。1978 年 5 月 31 日，前曼聯總教練弗格森（Alex Ferguson）在蘇格蘭弱旅聖美倫被開除，迎來執教生涯第一次，也是人生最後一次，直至 2013 年光榮引退。

　　1976 年，個性火爆的蘇格蘭少帥率領蘇格蘭次級球隊聖美倫，前往加勒比海展開三星期的海外集訓，到了準備世界盃資格賽的小國蓋亞那。若非前主席 Harold Currie 在出口生意上結識的商業夥伴出手，球隊根本無法應付「奢侈」的路費，，並約戰了蓋亞那代表隊。

　　這場友誼賽不太友誼，年輕前鋒 Robert Torrance 被蓋亞那中衛狂踢，裁判視若無睹，弗格森持續提出抗議，卻沒被重視，更在上半場結束前點燃了火藥桶。當時，看不過眼的弗格森告訴助教 David Provan：「我要上場了。」他才掛靴兩年，體能絕對沒問題，何況球員時代是「衝擊型」前鋒，出肘撞人，習以為常。

　　助教熟悉弗格森的脾性，深明他上場不是想踢球而是踢人，一度上前阻止，但少帥意志堅定：「他媽的，那雜種太放肆！」今日球迷會覺得匪夷所思，但在那些年的歐洲足壇，這事情並非罕見，尤其是球員兼教練不屬少數。不久，在一次傳中時，弗格森看準機會，使出

報仇性「肘擊」，引發兩隊衝突。那名蓋亞那後衛痛苦地在草上翻騰，弗格森如願以償領到一面紅牌。

「別對其他人提起這事兒。」弗格森對球員千叮萬囑。霸道和霸氣只是一線之差，球員們也知道不能洩露秘密，不然會被打入冷宮。其實，這位蘇格蘭少帥的禁忌和規矩很多，基本而言，遲到和缺訓肯定會受到嚴重處罰，而且嚴禁任何人「以下犯上」，連開玩笑都可能中伏。

當他在 1974 年入主聖美倫時，特別邀請了報章攝影師拍攝全家福，弗格森在照片中嚇然發現隊長 Ian Reid 膽大包天，在他的腦袋比了「V 字」手勢，然後，隊長被叫到辦公室。「如果我要選隊長，我會選個成熟的男人，你是小學生的幼稚行為，你一定要離開球隊。」曼聯球員很怕老頭子發脾氣，但比起弗格森年輕時，其實已經非常收斂，真的收斂很多。

退役前，他曾經在無關痛癢的慈善賽，與傳失球的隊友爆口角；退役後，他在 East Stirlingshire 開始執教，當了 3 個月兼職，前鋒 Bobby McCulley 坦言：「他是我人生中第一個會害怕的人。」32 歲的弗格森雖然執教經驗不多，卻獲恩師 Willie Cunningham 推薦給聖美倫，又揚言：「我一定、一定不會失敗。」

之前的賽季，聖美倫排在聯賽第 11 位，主場又稱「戀愛街」，容量約 2.5 萬人，惟平均每場只有 3000 人左右。球隊主要由兼職球員組成，周薪只需 12 鎊，弗格森的教練團除了上文提到的 Provan 之外，就只有預備組教練、隊醫和兼職器材工作人員。雖然如此，這位少帥選擇一套進攻模式，也移植到日後的亞伯丁身上，同時建立了領先全國的球探系統。

第二個賽季，蘇格蘭足球大改革，把兩級別聯賽擴軍為蘇超、蘇甲和蘇乙，只有乙級前六名能夠留在甲級聯賽，否則就要降級。弗格森自知時間無多，決定把 35 名球員的大部份人拉入「黑名單」，盡快送走他們，當中很多人同表現無關，比方說，無視隊巴而獨自駕車前往客場、錯過訓練的原因是與女友看演唱會，當然，公開不服的人也一定會被賣走。嚴帥出成績，聖美倫易帥後立竿見影，一度豪取 8 連勝，排名持續攀升，最終剛好排名第 6 位，確保留在甲級聯賽。

那年代，總教練的收入不高，弗格森寧願簽訂兼職合約，同時在格拉斯哥開酒吧維持生計。對於船埠的老粗，這少帥多次使出自己的拳腳技，鼻青臉腫地回家，曾自稱一個打三個，「如果你不是 Sylvester Stallone，就不要來我酒吧」。年輕人先找一份不用運氣的工作，

不用愁生活，才選擇做一些需要運氣的事情。因為每日打兩份工，他要早上 11 點開工，凌晨 2 點半下班。

完成了首個完整賽季後，聖美倫決心衝擊蘇超，弗格森事事關心，採購潔淨器、訂購披薩、設立隊報《聖徒》、降低看台頂棚（防止球迷翻越柵門）以至每周與球迷會見面兩次，總之每個細節，少帥都是嘔心瀝血。時任主帥 Willie Todd 說：「球隊上上下下，無人比他更勤力。」

做好事，回報往往在後面才來，弗格森計劃引進鄧地聯中衛 Jackie Copland，惟球隊財務不足以應付轉會費，球迷會決定借出 1.4 萬鎊，可說是上世代的「眾籌」。以往，聖美倫小城的人每逢週末就去格拉斯哥看球，弗格森忽發奇想，要求電工把大喇叭安裝在麵包車頂部，然後他親自圍城號召球迷支持，做法破格。球隊愈來愈職業化，表現愈來愈好，球迷重新見到希望，加上弗格森的宣傳奏效，上座率隨之上升。1975/76 賽季，球隊場均上座人數增到 1 萬人，翌季增至 2 萬人，氣氛一流。

弗格森不介意能力欠佳的球員，但討厭懶惰的人，最誇張一次是甫開賽 7 分鐘，便換出一名小將作為警告。雖然他是開酒吧，卻痛恨英國球員盛行的喝酒文

化。他在一場盃賽不敵馬瑟韋爾後，收到線人電話，獲悉前鋒 Frank McGarvey 在格拉斯哥買醉，即使對方早前已獲蘇格蘭 U21 徵召，二話不說，決定永不錄用。後來，他把「監控」文化帶到亞伯丁和曼聯，私底下有團隊留意球員的日常生活，比賽前會專人到球員家附近，巡視他們的汽車是否停泊在家。

當弗格森知道有球員無視隊規，賽前再次到酒吧消遣，又投訴獎金分派政策時，決定再次出手，召集那幾名球員到更衣室，大開「吹風機」。他把汽水瓶子砸向幾位球員的頭頂，碎片往下落，幾名球員被嚇壞了，不敢吭聲，更要求眾人簽下「承諾書」，除了每周六晚加練，也不准賽前到酒吧。果然，鐵碗政策收到奇效，聖美倫登頂甲級聯賽，破天荒升上蘇超，惟同一時間，他的領袖才華有目共睹，1977 年首次受到亞伯丁邀請，卻情願留下來奮鬥。

自稱不懂足球的老闆 Willie Todd 接掌，弗格森不太滿意，公開批評對手「行外人管行內人」，導致董事局出現分化，以致士氣嚴重受損，成績逐漸下滑。賽季尾聲，弗格森和 Todd 關係破裂，聖美倫滑落到第 10 位，距離降級區只有 6 分，受到亞伯丁再次拋出橄欖枝，此次，心動了。後來，Todd 命令總教練到辦公室，

列舉「15 條罪行」，作為開除的理由。弗格森覺得荒謬可笑，控告老闆不法解僱員工，最終 Todd 打贏了官司，也成為唯一一個位炒掉弗格森的老闆。

　　最後的蘇格蘭王在亞伯丁勇奪 3 次蘇超，拿到歐洲賽冠軍，然後登陸英格蘭建立了紅魔王朝，贏過 13 次英超冠軍，1999 年締造 3 冠王歷史，還有足總盃、聯賽盃、歐冠聯、世冠盃、洲際盃等，榮譽無數。「我沒有選擇，必須辭退他。」Todd 這樣回憶往事，但會後悔嗎？

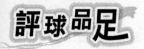

皇家社會的
本土「粉絲」總教練

文：破風

破風

　　2021 年才進行的上賽季西班牙國王盃決賽結束，西甲三大豪門缺席，皇家社會在巴斯克德比凱旋，終結長達 34 年的冠軍荒，總教練 Imanol Alguacil 賽後變身「粉絲」，上演了被譽為「史上最精采的發佈會」！

　　畢爾包向來是盃賽專家，也是巴斯克地區大哥大，但是皇家社會面無懼色，憑本土小將 Mikel OYARZABAL 一箭定江山，取得自 1987 年後的首座獎盃，也是隊史第四座國王盃桂冠。賽後發佈會上，49 歲總教練 Alguacil 自動進入了「粉絲慶祝」模式，先在眾目睽睽換上球衣，並揮舞圍巾，高唱隊歌。「請容許我在這一刻，暫時由教練成為球迷，這是屬於皇家社會所有人的榮譽。」

　　隨後，他進入了忘我境界，高聲咆哮、擺動身體，並鼓勵球隊繼續向前衝。在西班牙，皇家馬德里、巴薩和馬競長年雄霸球壇，加上塞維利亞、瓦倫西亞、畢爾包等黑馬兵團，一支財力平平的中型球隊要贏到錦標，比起英格蘭球壇難度更大更高。不過，Alguacil 的莫名興奮，不是人人能夠理解，因為在人生上半場，他只是一條「鄉巴魯蛇」。

　　這名主帥在巴斯克地區土生土長，來自人口 6000 的小漁村，13 歲失去母親，父親是大貨車司機，家境

平平。當他獲悉有機會首次代表皇家社會披甲時，父親正在馬路上駕駛大貨車，根本沒能抽空進場觀戰。事實上，他在踢球時平平無奇，擔任後衛，技術一般，多年來徘徊在正選與替補之間。

Alguacil 在母會皇家社會效力長達 8 年，輾轉到 2003 年掛靴，生涯最回味的戰役莫過於作客皇馬時，踢進了人生十個進球之一。生於斯、長於斯，他退後後足足 8 年才接掌皇家社會青年軍，原來是飲水思源，花了 8 年時間回到小漁村教足球，作育英才。

毫無疑問，Alguacil 的人生就像你我他般平凡，教練生涯由青年軍、B 隊助教、B 隊主帥到看守教練，也曾在 David Moyes 麾下成為助教。2018 年，機會終於來了，他在 12 月下旬接過一線隊帥印，隨之而來的猛將加盟，包括 PORTU、 Alexander ISAK、 Mikel Merino 和 Nacho Monreal 等，當然最重要是本賽季加盟的前曼城核心 David Silva。

對巴斯克球隊而言，身份認同是迴避不了的，在地的 Alguacil 當然寵愛純正本土球員，決賽上多達 10 人來自巴斯克，其中 8 人出產自青年軍。「我想把獎盃獻給抗疫的醫護人員，因為他們仍在為生命而戰鬥，上星期我的叔叔因武肺而離世，整個家族都悲傷不已，過去

半年我同太太大概只曾外出 4 次，甚至我會盡量避免
與家人吃晚飯。」一葉知秋，他能在球員面前成為榜樣，
球員自然會為他努力而戰。

天道酬勤

一 Pukki

文：破風

　　努力不一定有收穫，可是不努力就肯定沒有收穫。芬蘭在本屆歐洲盃終於首次打進決賽圈，陣中首席射手 Teemu Pukki 將會做到前輩 Jari Litmanen 和 Sami Hyypia 等名將都沒做過的事，就是穿著芬蘭隊的球衣在國際大賽決賽圈的舞台表演，對於這個大器晚成的球員來說是最合適的回報。

　　Teemu Pukki 在 2005 年便首次為家鄉球隊 KTP 在芬蘭盃上場，當時他只有 15 歲，16 歲便獲得在芬蘭超級聯賽上場的機會，而且不足 18 歲的時候便獲得西甲球隊塞維利亞羅致，看起來會是年少成名的潛質新秀。可是他在西班牙呆了 1 個賽季後，發現只有 1 次西甲和 19 次下放二隊參與西乙比賽的機會，所以他決定返回芬蘭加盟班霸球隊 HJK 赫爾辛基。憑著在 2011 年上半賽季上場 18 次進了 11 球的成績，Pukki 在當年夏天獲邀加盟沙爾克 04，不過在德甲表現也不算理想，2 個賽季上場 36 次只進 8 球，所以在 2013 年夏天轉戰蘇超效力塞爾提克。可惜他還是沒有交出令人滿意的成績，在蘇超上場 25 次只進 7 球。所以他在翌年便外借到丹麥球隊布隆德比。

　　布隆德比可說是令 Pukki 真正成為當家前鋒的球隊，他在首兩個賽季的表現也不算特別出色，每個賽季

都只是進了 9 球。不過在 2016-17 年賽季突然大爆發，34 場聯賽進了 20 球，從此成為每個賽季都取得雙位數字進球數的高效前鋒。

及至 2018 年夏天，他轉戰當時在英冠聯賽的諾維奇，令他的球技和事業更進一步，這時他已經 28 歲，也從當初的「金毛獅王」變禿頭硬漢。他在英冠聯賽獨取 29 球，協助球隊重返英超，雖然球隊在英超賽季只能以最後一名成績再度降級，不過他也獲得 11 個進球。Pukki 在諾維奇的好狀態也延續到國家隊比賽上，在 2019 年開始前，他踢了十年國家隊比賽，70 場比賽只進 15 球。不過就在 2019 年這一年，他在歐洲盃資格賽 10 場比賽竟然進了 10 球，令芬蘭壓倒曾經踢過世界盃決賽圈的波赫和希臘，以小組次名身份奪得歐洲盃決賽圈參賽資格，譜寫芬蘭足球歷史最光輝一頁。

在國家隊隊長 Tim Sparv 眼中，Pukki 以勤奮取得應有成就，他就是芬蘭國家隊的象徵人物。Pukki 則認為自己只是發揮芬蘭人對所有事都付出一切努力，以及永不放棄的特質而已。無論如何，雖然他在 31 歲才首次參與國際大賽，雖然芬蘭最終只得一勝，未能晉級，對他來說也應該沒有什麼遺憾。

《FIFA》
如何改變足球？

文：破風

破風

《FIFA》不是指國際足聯，而是叱吒全球的電玩遊戲。不管你有沒有玩過這款遊戲，但你都肯定知道它的存在。利物浦球星為《FIFA》拍攝的 7 分鐘短片，在 YouTube 瀏覽量接近 200 萬次，相信作為紅軍贊助商的 EA Sports 會笑逐顏開。

1993 年，《FIFA》正式面世，短短 30 秒的廣告在同年聖誕節推出，但位於加州的 EA 總部，工作人員都不敢慶祝，唯一慶幸的是，國際足聯沒能意識到知識產權的重要，更不知道該如何定價，故對「第一個吃螃蟹的人」而言，在這方面的成本近乎零。時至今日，《FIFA》每年為 EA 帶來逾 20 億美元收入，佔 2020 年財政年度的總收入的 35.7%，主宰了公司的命脈。

官方數據顯示，全球逾 1.5 億名活躍玩家，去年總共踢了 75 億場虛擬比賽，封面人物 Kylian Mbappé 踢進超過 10 億球！

目前為止，這款遊戲超過 1.8 萬個官方授權，涉及約 1.7 萬名球員、700 支球隊、90 個球場和 30 個聯賽。如果你在十年前買進 EA 的股票，今日你的身家已經翻了十倍以上。

在《FIFA》的 Ultimate Team 模式，玩家可用如

假包換的球員創建自己喜歡的球隊，當然花的時間愈多，或者課金愈多，你的球隊會愈厲害。來自電玩的收入，對國際足聯愈來愈重要，2021 年夏天公佈的 2020 年財政報表顯示，1.59 億美元來自對許可權銷售(當然不是所有收入來自 EA)，佔總收入 60%。

世紀病毒對實體經濟帶來沉重打擊，但卻成為電玩行業大爆發的催化劑，索爾福德大學社會學教授 Garry Crawford 2021 年發表的論文為《All Avatars, Aren't We?》，指出 2020 年 3 月英國首次封城時，《FIFA》幾乎取代現實世界的足球運動。

「體育品牌仍需要宣傳，但傳統渠道沒有了，電玩是重要的出路。」上賽季 3 月份英冠對卡迪夫城要延期，里茲聯先聲奪人，馬上在社交媒體問粉絲：「我們用 FIFA20 決定賽果如何？」如果吸引了 5 萬多人次觀看，比賽打成 3：3 握手言和。

「《FIFA》幫助足球運動打開美國市場，而且讓人思考肖像權和品牌的重要性。」Crawford 直言國際足聯後知後覺，才會讓 EA 直接使用《FIFA》作為名字，也印證了英式足球的商業步伐，當時遠落後於美式運動，「直到英超成立，天空體育開始推動商業化，歐洲足壇終有人覺醒，關注肖像權的收入。」

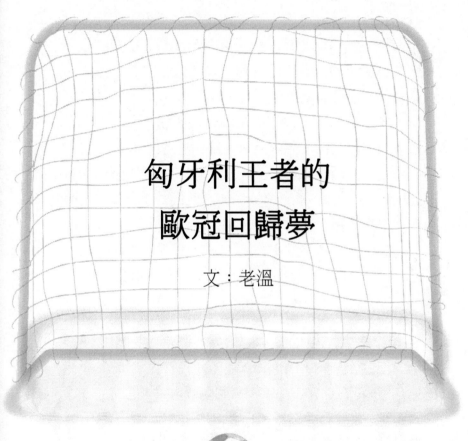

匈牙利王者的
歐冠回歸夢

文：老溫

　　本賽季的歐冠資格賽因為武漢肺炎疫情影響，所以將以往的兩回合淘汰賽制縮減為單循環淘汰賽，只有最後一輪的附加賽才維持兩回合賽制，這賽制有利於名氣較小的球隊突圍。闊別歐冠分組賽二十五年的匈牙利霸者費倫斯華路斯（Ferencvaros TC）就是其中一支神奇球隊，他們從首圈資格賽開始一路把名氣較大的球隊淘汰，瑞典冠軍尤爾加登（Djurgarden）、蘇超冠軍凱爾特（Celtic）和克羅埃西亞冠軍薩格勒布迪納摩（Dinamo Zagreb）都成為他們的手下敗將。而且費倫斯華路斯在附加賽首回合作客以 3 比 3 打平挪威超級聯賽冠軍莫爾德（Molde），只要在次回合主場保住失 3 球以下的平局便可以重返歐冠分組賽舞台。

　　匈牙利國家隊曾於 1954 年世界盃奪得亞軍，費倫斯華路斯的歷史則從更久遠的年代開始，他們在 1899 年便創會，從 1901 年開始參與奧匈帝國轄下的匈牙利地區甲級聯賽，2 年後首次拿到聯賽冠軍，連同上賽季的衛冕成功，費倫斯華路斯合共取得 31 次匈牙利甲級聯賽冠軍，是國內奪冠次數最多的球隊。費倫斯華路斯在 1965 年更在有「國王」稱號的進球機器 Florian Albert 率領下，在城市公平盃（歐足聯盃前身）決賽以 1 比 0 擊敗義甲豪門球隊尤文圖斯奪冠，成為目前唯一奪得歐洲球會級賽事冠軍的匈牙利球隊。

由於費倫斯華路斯一直是匈牙利的領導級球隊，所以大部分年份的聯賽成績都名列前茅，因此從 1960 年代起便是歐洲球會賽事的常客，在歐冠改為賽會制後，費倫斯華路斯在 1995-96 年賽季成為首支打進歐冠分組賽的匈牙利球隊。他們在該賽季的歐冠分組賽跟上屆冠軍阿賈克斯、皇家馬德里和瑞士冠軍草蜢同組，由於當時匈牙利足球在歐洲已淪為三流角色，所以沒什麼人看好費倫斯華路斯可以晉級。不過他們在首戰便作客以 3 比 0 擊敗草蜢。只是當面對擁有 Patrick Kluivert 和 Edgar Davids 等荷蘭黃金一代的阿賈克斯和 Raul Gonzalez 領軍的皇馬，費倫斯華路斯遭受震撼教育，先在主場以 1 比 5 慘敗於歐洲冠軍腳下，再於馬德里以 1 比 6 敗走。幸好費倫斯華路斯在之後的 2 場主場比賽也爭氣，先以 1 比 1 打和皇馬，再以 3 比 3 逼平草蜢。最終費倫斯華路斯以 1 勝 2 和 3 負成績取得小組第 3 名完成賽事。

費倫斯華路斯在 2006 年遇上低潮，他們在 2005-06 年賽季獲得匈甲第 6 名，可是由於財政問題被匈牙利足協取消匈甲參賽牌照，因此被逼結束連續 105 年匈甲征程，首次降到乙級聯賽角逐，花了 3 個賽季才以聯賽冠軍身份重返匈甲。費倫斯華路斯在 2009 年重返匈甲後首 5 個賽季都沒能取得冠軍，及至 2014-15 年

才獲得匈牙利盃，翌年更成為聯賽和盃賽雙料冠軍，是十二年來首次奪得匈甲錦標。及至最近兩年在前烏克蘭國腳 Serhiy Rebrov 擔任總教練之下，費倫斯華路斯上賽季打進歐足聯盃分組賽。費倫斯華倫斯陣中知名球員不多，較著名的是曾代表匈牙利參與 2016 年歐洲盃決賽圈的隊長 Gergo Lovrencsics 和門將 Denes Dibusz，以及斯洛伐克老國腳 Robert Mak，不過就是這支「藍領」球隊在本賽季歐冠賽事擊敗名氣更大的球隊。如果真的能晉級分組賽，便有機會再挑戰皇家馬德里和阿賈克斯，在主場打和皇馬的好戲或許可以再上演。

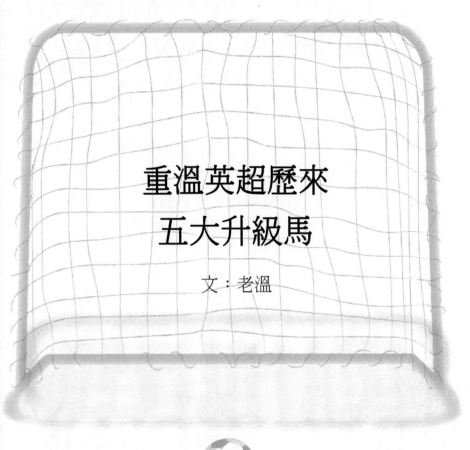

重溫英超歷來
五大升級馬

文：老溫

老溫

評球品足

　　白玫瑰里茲聯相隔十六年後重返英超，萬眾矚目，聯賽首戰更進擊上賽季冠軍利物浦，最終雖然落敗，但也一鳴驚人？作為死忠粉絲，讀者應該要了解更多英超歷史，以下是歷史上升級後的五大神奇球隊：

　　1992/93 賽季，穿起藍白戰衣的布萊克本流浪者，從附加賽取得升級席位，時任老闆 Jack Walker 大灑金錢招兵買馬，引入了 Graeme Le Saux、Stuart Ripley 等球星，更厲害是打破英格蘭轉會紀錄，以 360 萬鎊簽下中鋒 Alan Shearer。Shearer 後來成為英格蘭第一中鋒，但那賽季因傷只是上陣 21 場，也踢進 16 球，最終球隊排名第 4 位，以 1 分之微錯過了歐協盃席位。然而在兩年後，布萊克本稱霸英倫，比這一年更具戲劇性。

　　1993/94 賽季，紐卡索聯由 Kevin Keegan 掌舵，升上英超舉起進攻足球的大旗，打法充滿娛樂性，簽下 Peter Beardsley 夥拍 Andy Cole 擔任雙箭頭，二人合力轟進 55 球。喜鵲殺得性起，勇得季軍，自 1970 年後再次出戰歐洲賽。年紀輕輕的 Cole 各項賽事射入 41 球，一鳴驚人，更榮膺英格蘭最佳新秀，打破隊史單季進球紀錄，使球隊成為那賽季的最強之矛。

　　1994/95 賽季，英格蘭老牌勁旅諾丁漢森林從夢魘

中醒過來，重返頂級聯賽，惟殿堂領隊 Brian Clough 已經退出江湖，由 Frank Clark 取而代之。球隊前鋒 Stan Collymore 遇神殺神，領軍打出 11 場不敗走勢，最終獲得季軍，同時獲得歐洲賽席位。那個賽季，Collymore 攻進 22 球，後來刷新英格蘭轉會紀錄，以 850 萬鎊加盟利物浦，可惜卻是曇花一現，與森林一樣很快再次沉睡。

1999/00 賽季，桑特蘭在 Peter Reid 帶領下，豪取 105 分成為英冠盟主，升上英超。球隊主要收購僅是 Kevin Kilbane 和 Steve Bould，大部份舊將留下來，曾在 9 月至 10 月錄得 5 連勝，季初表現出眾。不得不提，一對「高矮配」前鋒 Kevin Phillips 和 Niall Quinn 心有靈犀，合作無間，前者負責捕捉機會，後者負責衝鋒陷陣，一度令英超後衛措手不及，最終球隊排名第 7 位。大器晚成的 Phillips，以 30 球成為英超射手王，更成首位贏得歐洲金靴獎的英格蘭人。

上述的神奇升級馬大都出現在上世紀九十年代，可反映英超貧富懸殊持續拉遠之下，小球隊難作平地一聲雷，而 2000/01 賽季的伊普斯維奇已是成績最好的千禧後升級隊伍。由 George Burley 帶領的青春班，賽季初被看低，但門將 Richard Wright、中衛 Titus

Bramble 和前鋒 Marcus Stewart 表現可圈可點，令人留下深刻印象，最後球隊排名第 5 位。伊普斯維奇那賽季與亞軍阿森納，其實只有 4 分之差，也獲得歐協盃席位，可惜受到歐洲賽受累，兵源不足，2002 年便黯然降級。

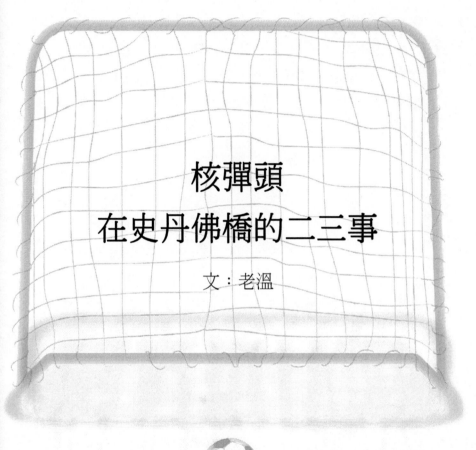

核彈頭
在史丹佛橋的二三事

文：老溫

老溫

　　「舊時王謝堂前燕，飛入尋常百姓家。」出自劉禹錫《烏衣巷》。時至今日，烏克蘭核彈頭 Andriy Shevchenko 於 2006 年打破英超轉會紀錄，以 3000 萬鎊由 AC 米蘭加盟切爾西，聯賽經歷了 2 個多賽季僅進 9 球的尷尬，崩潰到沒面子，被視為隊史難以抹去的最差收購，到底當中發生了甚麼我們未有擦覺的秘聞呢？

背景

　　2006 年 5 月 31 日，英超勁旅切爾西宣佈，與 AC 米蘭前鋒 Shevchenko 簽約 4 年合同，週薪達當時天價的 11 萬鎊，表面上，總教練 José Mourinho 對轉會表示非常雀躍。緣份由 2003 年開始，烏克蘭國民英雄在 2003 年歐冠聯王者之戰，打進關鍵十二碼，帶領 AC 米蘭力克尤文圖斯，奪冠而回。

　　那年夏天，俄羅斯油王 Roman Abramovich 親自飛往米蘭城，嘗試了解收購的可能性，巧合地，一行人在四季飯店與 Shevchenko 偶遇，並毫不猶豫上前打招呼。「他問我是否願意加入切爾西，我說絕對不行，因為我在米蘭很愉快，大約聊了 5 分鐘。」烏克蘭人這樣回憶初見面。

　　2004 年 5 月，油王和首席執行官 Peter Kenyon 與

AC 米蘭副主席 Adriano Galliani 首次洽談轉會，即使只是非官方見面，但雙方顯然都知道目的所在，惟分離從來不易，核彈頭在 2003/04 賽季踢進 24 粒義甲進球，也為球隊奪得聯賽錦標，似乎離開未是時候。

直至 2005 年歐冠聯決賽前，Shevchenko 首次公開表示欣賞 Abramovich：「他為人認真、努力，雖然我們目前不能說是好朋友，但經常聯繫，很多人批評他是用金錢買冠軍，這並不是事實。」幾個月後，切爾西對陣 AC 米蘭的友誼賽前，俄羅斯人和烏克蘭人再次在球場上談天，看來兩人私交甚篤。

隨後，妻子 Kristen Pazik 改變了 Shevchenko 的想法，其中一個可能性是，她與油王時任妻子愈走愈密，甚至曾經出現在倫敦街頭，一起購買聖誕節禮物。太太希望老公為家庭改變，希望小孩子從小學習英語，也覺得人望高處，那兒收入更高。

交易

會不會收購世界級前鋒？2007 年 1 月，Kenyon 當時接受公開訪問時表示：「我們需要一名前鋒，如果你問我誰是當下最佳前鋒，我肯定會說 Shevchenko。」重點是他堅拒透露，提出收購是總教練的主意抑或老闆的想法。

評球品足

切爾西當時完成英超兩連冠，可惜歐冠聯兩回合不敵巴薩，無緣八強，聯賽盃和足總盃分別在出局。的確，Mourinho 不太高興，很想為象牙海岸魔獸 Didier Drogba 帶來新搭檔。

藍軍鋒線陣容是這樣的，阿根廷前鋒 Hernán Crespo 在 2005-06 賽季各項賽事踢進 13 球，顯然沒能適應英超節奏，更想返回義甲。冰島前鋒 Eiður Guðjohnsen 與球隊漸行漸遠，不滿長期做替補，賽季結束後被賣給巴薩。英格蘭本土中鋒 Carlton Cole 水平不足，改投了西漢姆聯。

不過，狂人的引援名單上，獵豹 Samuel Eto'o 是第一選擇（後來在國際米蘭圓夢），第五選擇才排到 Shevchenko。內部消息認為，若非知道老闆想要烏克蘭人，他也不想把這名字放上名單。

伏筆

造物弄人，核彈頭在簽合約前三星期，對陣帕爾馬的義甲中膝蓋受傷，那年夏天更要以國家隊隊長身份，帶領烏克蘭首次踏上世界盃征途，身體不可能完全恢復。

登陸英超後，Shevchenko 獲得好開始，在社區盾

收穫首球，打破利物浦的大門，接著對米德爾斯堡攻進英超首球。可是，他在隨後兩個月，碌碌無為，與之前296 場踢進 173 球的表現，形成反比。

Abramovich 熱情歡迎好友加盟，罕見地與 Frank Lampard、Michael Ballack 等大老，出席烏克蘭人的30 歲生日派對。奈何，Shevchenko 總是不太合群，前中場 John Obi Mikel 表示：「在我印象中，他很少參加聚會，從不與其他球員一起出去，或者是他不懂說英語。」

在史丹佛橋，2019 年被炒的藍軍聯絡官能說義大利語，已是 Shevchenko 談得最多的人，球場上的朋友則是義大利籍替補門將 Carlo Cudicini 和懂俄語的後衛 Branislav Ivanović。

矛盾

時間一天一天過去，藍軍鋒線上的不協調愈來愈明顯，2007 年 1 月裂痕出現了，Drogba 怨聲載道：「我看不到任何合作的空間，作為新援，他只想表現自己。」據知，Drogba 曾經在訓練後，主動與 Shevchenko 加練射門，但很快就沒再出現。

2007 年 3 月英格蘭足總盃重賽，核彈頭左腳破門，

助球隊以 2：1 險勝對手，Obi Mikel 說：「我們以為他終於回來，但事後明白 AC 米蘭的那個他，不會再出現。」

Mourinho 開始對 Shevchenko 失去信心，與老闆的關係每況愈下，隊友沒見過核彈頭與主帥爆口角，也從從不說其他人壞話，很少發脾氣。

同年夏天，狂人想買前鋒，增加鋒線競爭，可惜球隊只是簽下秘魯前鋒 Claudio Pizarro，老闆甚至聘用了前英國短跑運動員，為好朋友找回狀態。

後來，Shevchenko 性格變得更加孤癖，甚至把住所搬到 Wentworth Estate，又迷上高爾夫球，前中場 Steven Sidwell 說：「他在更衣室就換好裝備，準備回去高爾夫球。」

2007 年 12 月，烏克蘭人對阿斯頓維拉梅開二度，卻又觸傷背部，養傷幾個月，對義大利媒體說：「身體只能恢復到 40%。」同時，藍軍花了 1500 萬歐元從博爾頓挖來 Nicolas Anelka，核彈頭的「自我銷毀」進入倒數。

結局

無奈地，Shevchenko 淪為高薪低能的老將，豪門

根本沒有興趣，唯獨前東家 AC 米蘭嘗試挽救他，同意租借，但一年後，藍軍還是解約，讓他重返母會基輔迪納摩。

時至今日，他與油王的友誼「情比金堅」，經常坐在史丹佛橋看比賽，退役後曾執教烏克蘭國家隊，帶隊晉級歐洲盃決賽圈。去年 12 月，核彈彈證實 13 歲的次子加入切爾西青訓學院，也希望有一天將成為藍軍總教練，但肯定要先學好英語。

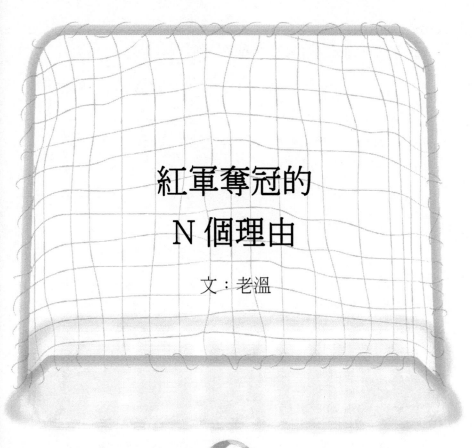

紅軍奪冠的
N 個理由

文：老溫

老溫

　　利物浦終圓三十年美夢，首嘗英超冠軍滋味，即便在世紀疫症陰霾下，人們未必見到數十萬人慶祝，但無論在哪一面，紅軍都是本賽季的最佳球隊，實至名歸。

　　紅軍的爭勝心是不用懷疑，也肯定曼城更強。上個賽季，Jurgen Klopp 的大軍獲得 97 分，成為史上「最強亞軍」，這分數是過去 26 個賽季，其中在二十五個賽季得到冠軍，這感覺當然不是味兒，誰想成為「無冕之王」？由歐冠登基一刻開始，紅軍氣勢如虹，愈戰愈勇，把冠軍經驗帶回英超賽場。

　　人生，永遠有改進的空間。儘管紅軍上個賽季已算得上成功，防線滴水不漏，38 場僅失 22 球，但本賽季依然敢於改變，大膽地把防線推得更前，首場比賽對諾里奇，前 22 分鐘對手已有 3 次越位。本賽季，球隊在 34 場比賽已失掉 26 球，略高於上賽季，但整體控制力顯然有所提升，隊長 Jordan Henderson 可參與更多進攻，Fabinho 把中衛和中場的身份二合為一。

　　以前，曼聯有 Fergie Time，現在利物浦有 Kloppage Time。截至 34 輪，紅軍在本賽季最後 10 分鐘，合共拿到 12 分之多，比方說，11 月作客維拉時，剩下 3 分鐘，Andrew Robertson 的進球為球隊追成平手。隨後，全隊趕著重新開球，Sadio Mane 絕殺奠定

勝局，這是一種精神面貌。

全世界都羨慕的一對邊衛。今時今日，左後衛 Andrew Robertson 和右後衛 Trent Alexander-Arnold 已是英超最佳，不僅防守穩健，更為前場帶來源源不絕的邊路動力，相信任何總教練都會嫉妒不已。Robertson 只需 700 萬鎊，Alexander-Arnold 是青訓產品，二人上賽季合共提供 23 個助攻，本賽季有望突破此數字，很多翼鋒都要望塵莫及。

控球在腳是大勢所趨，但紅軍看來更加著重控球時間。12 月 7 日戰勝伯恩茅斯之前，球隊平均每場傳送 504 球，但之後很快提升到接近 700 球，上升了大約 200 球之多。是否刻意如此？也未必。然而，結果顯示防線的壓力大減，英超觸球最多的三甲是 Alexander-Arnold、Virgil van Dijk 和 Robertson，對球隊的攻和守都會帶來正面影響。

傷患遠離球員，這是非常重要，當然也有運氣成份，像當年的萊斯特城一樣。截至 34 輪前，Joel Matip 因傷缺陣 13 場，Alisson、Naby Keita、Fabinho 缺陣 8 場、James Milner 缺陣 7 場，但是，Henderson 和 Salah 只是缺陣 3 場，Mane 缺陣 2 場，Robertson 只是受傷 1 場。而 Van Dijk、Alexander-Arnold、Roberto

Firmino 和 Gini Wijnaldum 從未因傷缺陣，再對比曼城、曼聯甚至熱刺的受傷記錄，紅軍顯然受到幸運女神的眷顧。又或者說，紅軍幕後團隊功力深厚，如體能教練 Andreas Kornmayer 和營養師 Mona Nemmer 功不可沒。

自由球是紅軍重要進攻手段，上賽季是熟能生巧，現在是爐火純青。Klopp 與 Pep Lijnders 和 Peter Krawietz 花很多時間處理自由球，甚至乎招聘了界外球專家訓練球員。球隊截至 34 輪，間接和直接踢進了 13 個自由球，僅失 5 球，相當屬害，更重要是火力全開，Joel Matip、Trent Alexander-Arnold、Van Dijk、Jordan Henderson 等有是進球者，對手防不勝防。

大戰從不變軟蛋。自 Klopp 上任之後，紅軍在 Big 6 小聯賽的成績持續改善，而且非常穩定，截至 34 輪，只是打和埃弗頓和曼聯，不敵曼城和屈福特，其餘比賽取得全勝。本賽季，曼城被曼聯雙殺，又曾負於切爾西、熱刺和利物浦，強強對話的失分直接令他們失去爭冠希望。面對其他豪門，紅軍總有多樣化的針對性戰術，如歐冠對熱刺時，Henderson 和 Fabinho 的位置顯然推後一點；主場對曼聯時，又能放下對控球的執著，充滿機動性。

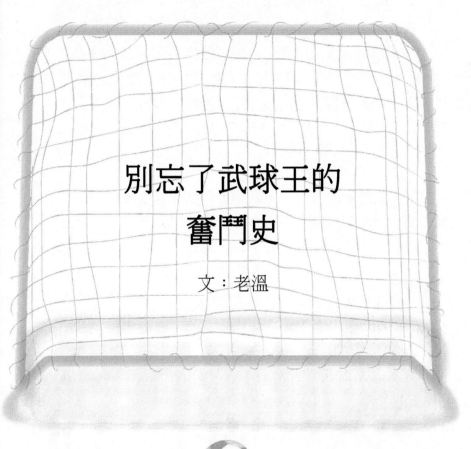

別忘了武球王的
奮鬥史

文：老溫

老溫

肺炎疫情席捲全球，在西甲打滾的中國球星武磊也不幸受感染。環顧他由 12 歲初露鋒芒，到他用 6 年時間成為中國足球先生，再到他協助愛斯賓奴殺入歐聯盃，到本季陷入低潮兼染病，他並不是只替新球會賺廣大中國人民的錢，而且為人比較低調，沒有趾高氣揚。可能正因如此，此次他患病的消息流傳後，「負評」不多。

武磊是南京人，12 歲就在中國足球界嶄露頭角。他在亞洲 U14 錦標賽攻入 6 球，助中國奪冠。一手提拔他的中國名宿徐根寶曾說過，一個武磊就能夠能夠收回他所有的投資，他就是中國的 Maradona。或許會有人認為這位中國足球代表人物對武磊過份高估，然而武磊可以初露鋒芒，與其年幼時刻苦訓練和學習不無關係。據他的父親武河透露，武磊在幼年時，曾為達到連續頂上 100 次頭球的目標，弄得臉上出現血痕也在所不繼。

不僅如此，武磊品學兼優，曾是南京市「三好學生」。武父本來從事地質勘探工作，經常要遠赴不同地方工作，為了能觀看兒子訓練並接他回家，不惜辭去工作，改任夜班保安員以維持生計達 8 年之久。04 年，武磊跟隨徐根寶參加上海電視台節目＜今天誰會贏＞，

一臉天真無邪的他表現出他遠大志氣,「我希望自己成為球王 Pele 一樣的球星,身價達到 6 至 7 千萬美元。」這比當年轉會車路士的前鋒 Didier Drogba 的轉會費還要高。

縱有遠大志氣,無法先在競爭激烈的中國足球界脫穎而出,志向再大只會落得志大才疏。亮相該節目兩年多後,武磊以 14 歲 10 個月之齡,成為亮相中國職業聯賽最年輕的球員。他在 16 歲打破中國職業聯賽最年輕的入球紀錄,一切看來一帆風順。可是他在 09 至 11 年 3 個球季與上海東亞(後來的上海上港)皆衝(中)超失敗。然而他在 12 年球季完結後終於與東亞一同取得中超的資格。在 13 至 18 年 6 個中超球季中,他皆是本土神射手。2018 年,他在中超攀上頂鋒,協助上海上港打破廣州恆大的壟斷局面,成為中超冠軍,自己也以 27 個入球成為中超神射手,並成為 2018 年中國足球先生。

武磊在中超鶴立雞群,可是他沒有停留在「安舒區」,他決定勇闖西甲,加盟西班牙人。一個餘月後,在作客華拉度列一役射入其在西甲的首個入球,更是 11 年來第一位在歐洲四大聯賽建功的中國球員。5 月下旬,他在對皇家社會一役建功,協助西班牙人躋身歐

聯盃資格賽，自己則以 3 記入球完成征戰西甲的首半季。2019-20 年球季展開不久，武磊在歐聯盃資格賽建功，助西班牙人晉級分組賽，看似有一個好開始。然而他在西甲苦苦掙扎，戰至 11 月下旬才打破入球荒。

雖然他在 2020 年來臨不久就在主場迎接巴薩隆納一役建奇功逼和對手，但今季未能站穩正選是鐵一般的事實。在七十年代在德甲馳騁十餘載、被評為亞洲最佳球員的車範根曾在訪問中寄語在德甲首季取得成功的武磊前輩楊晨，「留洋的第二年才是最困難的」，如今類似情況出現在武磊身上，再遇上自己感染武漢肺炎，看似禍不單行。然而他看起來頗為樂觀，至少現在癥狀已消退。可能這段歐洲各大聯賽的休戰時間，正好讓他好好計劃如何讓自己突破困局，更上一層樓。

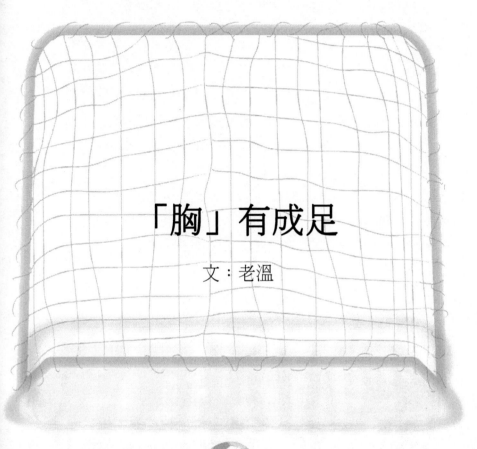

「胸」有成足

文：老溫

老溫

年輕時看足球比賽便已聽說過「足球風格」及「足球文化」這些名詞，所謂風格或文化主要是以各國的踢法區分。

如巴西足球稱作「華麗足球」、德國足球的風格是紀律性高、義大利足球的特色是防守至上，蘇聯足球的風格則是「機動化」，還有英國足球就是長傳急攻等，足球世界可說是百花齊放。

但是足球近年伴隨經濟變為全球化，上述足球文化和風格差異越來越模糊，光看英超便發現現今已很難找到「長傳急攻」的球隊了。不過另一方面，隨著職業足球的全面商業化，竟然也可以從各支球隊的球衣胸前贊助商大概了解到不同國家的足球文化或現況。

多元化的英超

我們就從英超看起，看看有那些贊助商！如曼聯的軟件開發業、曼城和兵工廠的航空業、托特勒姆熱刺的保險業、切爾西的電訊業等等，其他球隊還有博彩、網購、金融、旅遊、汽車等。真的是各行各業都有，顯得英國是一個開放的國家。

　　而且更有趣的是，2021-22 年賽季的 20 支英超球隊中，竟然有多達 9 支球隊的胸口贊助商是博彩業，數量接近一半，比 2012-13 年賽季多接近一倍，這也顯得賭博事業在英國是非常蓬勃，其他行業要爭取成為贊助商比以往更困難。

　　其實並不只賭博業直接牽涉到金錢，本賽季有 6 支球隊來自保險業、網購、金融界等的贊助商。超過一半數量的球隊贊助商，是直接牽涉到金錢，難怪英超是一個燒錢的聯賽。

德甲實業化

　　至於一向很「節儉」及富強的德國，德甲贊助商就有如拜仁慕尼黑的電信業、多特蒙德的網路業、勒沃庫森的保險業、沃夫斯堡、斯圖加特的汽車等等，還有其他球隊的奶製品、保險、超市、建材等，百花齊放的情況較英超還多。德甲的胸口贊助商與英超最大的分別就是大部份是實業或製造業，也可看出德國是一個踏實的國家，德甲也是一個很穩健的聯賽，與英超的紙醉金迷可說大相逕庭。

經濟低迷的西義

至於近年與英超爭奪「第一聯賽」寶座的西班牙甲級聯賽，胸前贊助商有巴塞隆拿的網購業、皇家馬德里的航空業、瓦倫西亞的虛擬貨幣業、比利亞雷亞爾的陶瓷業，還有其他球隊的胸口贊助商是來自銀行、啤酒、旅遊業等。

在足球場上，西班牙確實是世界頂級球隊，可惜經濟卻曾被形容為歐豬五國之一，這一方面有胸前贊助商上最明顯的，就是有部份西乙球隊是空白的，意思就是沒有贊助商，加上從 2021-22 年賽季開始，西班牙政府不再容許博彩業成為球衣贊助商，令西班牙獲得胸前廣告贊助的難度更高。

另外還表達了另一個現象是，就是收視率被兩大豪門所獨佔，其他球隊無論在收視及收益，都難以與兩大豪門所媲美，這便做成了有些中小型球隊一度找不到贊助商。

至於昔日號稱「迷你世界盃」的義大利甲級聯賽，雖然不再是「世界第一聯賽」，絕大部分球隊還是能夠找到球衣胸前贊助。

義甲老牌球隊的贊助商包括尤文圖斯的汽車、AC米蘭的航空，國際米蘭和羅馬的虛擬貨幣、拉齊歐的網上金融、佛倫提那的通訊等，其他球隊還有通訊、家電、保險及銀行等等。義大利也是歐豬五國之一，情況與西班牙相似。雖然有不同種類的行業贊助商，不過有趣的是當中有不少是小品牌，似乎大廠商對幾支老牌球隊情有獨鍾。

生活化的法甲

法國雖然未至於成為「歐豬」，不過近年經濟也不好。球隊的贊助商就有如巴黎聖日耳曼的酒店旅遊業、里昂的航空業、馬賽的網購外賣業、聖伊蒂安的博彩業等，其他球隊還有清潔公司、食品、建材、眼鏡、回收公司、能源等等。

看到法甲各個贊助商，可以看到法國人的比較生活化，有食品、汽車、徵才、甚至是房屋，這些都是生活化的產品，大部份贊助商的廣告，都是你我都有機會接觸到的，這足以看得到，法國果然是適合居住的國家。

東亞兩個差異大

談過歐洲後，看看我們所在的東亞兩國，先來看看日本球隊的贊助商，鹿島鹿角的房屋設計、FC 東京的影像事業、柏雷素爾的電器、名古屋鯨魚的汽車等，還有其他球隊如食品、汽車、電訊等等，

情況有點像德國，這可以證明日本是一個工業大國。日本球隊的贊助商還有一個很大的特色，就是 2020 年賽季 20 支球隊中有 4 隊是本土汽車品牌，佔總額五份一，這也可以看出日本是一個汽車王國。

最後看看中國，中國超級聯賽的 16 支球隊中，有多達 8 隊贊助商（或背景）是地產商，可以看到中國的地產市道何其暢旺，當然炒賣的下場也不用多說了，但他們至少願意花錢在職業足球隊上，總比某些地方只有炒賣好得多。

大家有空時，不妨看看其他各國聯賽的球衣胸口贊助商，是否也能找到該國的特色，這或許會令大家對足球更加入迷呢！原來在足球世界裡，並非只是運動、商業那麼簡單，還能代表一個國家的特色與文化。

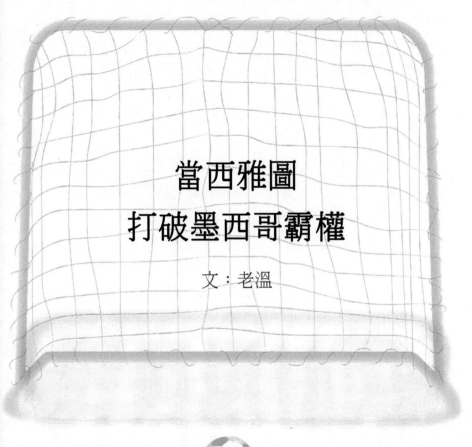

當西雅圖
打破墨西哥霸權

文：老溫

老溫

　　當一個霸權壟斷長達十年，已經非常可怕，假如超過二十年，你還會擁抱希望，或是放棄治療？美職聯勁旅西雅圖海灣者，兩回合計以5：2打敗普馬斯（Pumas UNAM），成為中北美洲冠軍聯賽改制後的首支美國冠軍球隊，並打破二十一年來中北美洲大哥大墨西哥的壟斷局面，為美國人的英式足球吐了一口烏氣！

　　首回合打成2：2平手，西雅圖海灣者在座無虛席的68,741名球迷見證下（本場比賽的打氣聲接近地震的威力，非常誇張），憑秘魯前鋒魯伊迪亞斯（Raúl Ruidíaz）梅開二度，以3：0大勝普馬斯，成為賽事史上第3支美國冠軍，來自烏拉圭的隊長羅代洛（Nicolas Lodeiro）高舉獎盃，場面既感人、又興奮。

　　總教練施邁澤（Brian Schmetzer）賽後說：「球迷和球員之間的聯繫是球隊的核心價值，每次我們步出球場，氣氛總是無與倫比，震耳欲聾的咆哮，全場地動山搖。」

　　球隊總經理兼總裁拉格威（Garth Lagerwey）說：「個人而言，我沒想過會在2011年後再入決賽，最終與海灣者拿到冠軍，彌補了十一年前的遺憾。」原來他在2011年擔任皇家鹽湖城的總經理時，已經殺進決賽，可惜功虧一簣，今年以「敗部復活」姿態捲土重來，一

圓夙願。

西雅圖海灣者一直是美職聯的代表，武漢肺炎疫情之前平均上座率超過 4 萬人，自 2009 年加入大聯盟後，從沒有缺席季後賽，合共四次奪得總冠軍，如今成為中北美洲王者，更摘下夢寐以求的俱樂部世界盃參賽資格。

究其原因，中場羅丹（Cristian Roldan）解釋道：「每個人都相信，我們有機會成為比賽英雄，決賽失去了兩名主力，並不容易，但替補者表現絕不失禮，尤其是 16 歲新秀巴爾加斯（Obed Vargas）。」此外，瑞士出生的守護神弗雷（Stefan Frei）表現大獲好評，美國輿論認為，國家隊應盡快出手，把他召入美國隊，避免被別國捷足先登。

本賽季，海灣者不算太順利，多名球員也經歷了多個難關，如 31 歲的魯伊迪亞斯去年底陷入加盟四年來的最長進球荒；四強對紐約城，出道以來只有兩個助攻的圖洛（Nouhou），交出了重要一傳；守將拉根（Jackson Ragen）上陣不多，美職聯上陣不足 600 分鐘，但每次在冠軍聯賽披甲也「做好本份」；老將羅維（Kelyn Rowe）雖然替補球員，但就有兩次白界線前解圍的重要功績。

弗雷說：「我們享受壓力，把壓力視為機會，對一些球員而言，可能職業生涯十年、十五年也沒有拿過錦標，這是不容錯失的機會。」。

美職聯的發展穩步上揚，隨著海灣者拿到中北美洲冠軍聯賽改制後的首個冠軍，相信 2026 年世界盃來臨前，有力與歐洲主流聯賽，爭一日之長短，在此再次恭喜西雅圖海灣者，及恭喜 MLS 美國聯業大聯盟的成功。

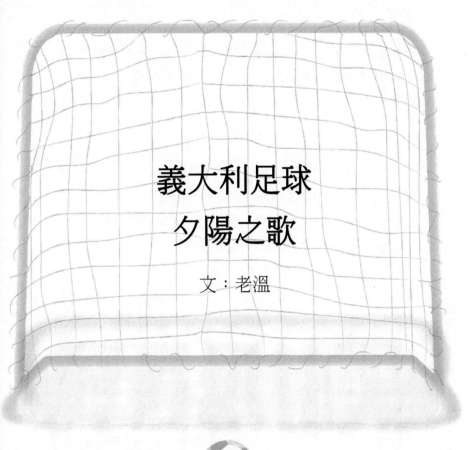

義大利足球
夕陽之歌

文：老溫

老溫

　　四屆世界冠軍義大利國家隊，自 2006 年奪冠之後已經連續四屆沒能打入世界盃淘汰階段，並連續兩屆資格賽失足，如此明顯的「崩壞」趨勢，恐怕連死忠粉絲也未必察覺得到——全因在 2021 年爆冷拿下了 2020 歐洲冠軍，一時間被興奮的腎上腺素矇住了理智的雙眼。

　　上一代總覺得下一代較自己遜很多，通常都是錯覺，但對於球員時代腳法瀟灑的曼奇尼（Roberto Mancini），那就不是錯覺。世界盃資格賽附加賽，義大利主場對北馬其頓，全場一面倒圍攻，射門達 32 次，竟然碌碌無為，前鋒表現慘不忍睹。事實上，全部 9 場資格賽，義軍射門 178 次，命中目標約 50%，「預期進球」為 20 個，但總進球僅得 13 個，攻力之疲弱早已浮上水面。

　　世界盃資格賽，曼奇尼依然依靠歐國盃冠軍主力，包括因莫比萊（Ciro Immobile）、因西涅（Lorenzo Insigne）、基耶薩（Frederico Chiesa）、貝拉爾迪（Domenico Berardi）和拉斯帕多里（Giacomo Raspadori），可惜表現強差人意，所有前鋒加起來只踢進 8 球，反之，英格蘭前鋒肯恩（Harry Kane）一個人就獨取 12 球。因莫比萊射門 26 次，才能取得兩球，

命中率完全不及格，但已是「最佳」前鋒。試問，如此攻力，怎稱得上是強隊？

當然，義大利面對北馬其頓時，技術最好的星二代基耶薩因傷缺陣，也為出局藏下了伏筆，但要留意的是，這名尤文圖斯前鋒在歐國盃後狀態平平無奇，資格賽射門 15 次，只進了可憐的 1 球，面對保加利亞也錯失了單刀機會。世事如棋，切爾西和國家隊劊子手若日尼奧（Jorginho）若非對瑞士十二碼不進，球隊便不用打附加賽，而是直接出線，這篇文章也不會出現，難怪他賽後說：「那個十二碼會是一輩子的夢魘！」

如果對問題視而不見，災難來臨只是時間問題。義大利在歐國盃的陣容，平均年齡達 27.3 分，有 8 人是 30 歲或以上，陣容老化顯而易見；相反，三獅軍團英格蘭平均年齡只有 25.1 歲，只有利物浦隊長亨德森（Jordan Henderson）超過 30 歲。30 歲矮腳虎因西涅毫無狀態，資格賽攻門 22 次，居然沒有一個進球。當然，有球迷認為在危急關頭重召狀態有起色的巴神，總好過用上國際賽「零」經驗的 30 歲巴西歸化兵佩德羅（João Pedro），我們認同這說法，可惜我們也沒有水晶球。

說到底，義大利的深層次問題是源於國內聯賽水

平每況愈下，國家隊可用的球員少之又少。西班牙球員在西甲的上陣時間超過 60%，但義大利本土球員在義甲的上陣時間只佔 35.5%，就算英超充斥外援，英格蘭本土球員的上陣時間也有 38%。今日的義大利 U21 國家隊，總教練需要到丙級聯賽尋找前鋒，反映人才匱乏的嚴重性。

毫無疑問，維拉提（Marco Verratti）和若日尼奧是目前義大利陣中最有能力的球員，但打法上應否維持 4-3-3 陣式加「雙核」就值得商榷。一來，前鋒們的把握力不佳，長期保持傳控，只會進一步減少攻擊手的空間；二來，維拉提和若日尼奧同樣具有創造性傳球能力，但中場也需要更多人跑動接應。事實上，維拉提在歐國盃前兩場缺陣，義大利清風送爽地大勝 3：0，之後復出的 5 場比賽，球隊有 3 場都沒能在 90 分鐘內收拾對手，而且這名大巴黎中場有 3 場都沒有踢足 90 分鐘，這數據值得團隊反思。

在歐國盃，曼奇尼左右手維亞利（Gianluca Vialli）是「士氣管理員」，深受球員愛戴，但去年 12 月宣佈因癌症復發暫別國家隊，歸期未定，導致重建國家隊增添更多未知之數。歐國盃開打前，義大利絕對不是熱門，奪魁是打出了超水準，把士氣、團結和鬥志發揮得淋漓

盡致，可說是時勢造英雄，但同時令人忘卻了多年來詬病，奏起了《夕陽之歌》。出局不可怕，最怕是掩耳盜鈴，把自己置於萬劫不復之地。

不期然想起梅艷芳的一首廣東歌歌詞…

「斜陽無限/無奈只一息間燦爛/隨雲霞漸散/逝去的光彩不復還」

國家圖書館出版品預行編目資料

評球品足／剛田武、金竟仔、破風、老溫　合著—初版—
臺中市：天空數位圖書　2022.09
面：14.8*21 公分
ISBN：978-626-7161-14-2（平裝）
1.CST：足球　2.CST：通俗作品

528.951　　　　　　　　　　　　　　　111015091

書　　　名：評球品足
發 行 人：蔡輝振
出 版 者：天空數位圖書有限公司
作　　　者：剛田武、金竟仔、破風、老溫
編　　　審：品焞有限公司
製作公司：艾輝有限公司
美工設計：設計組
版面編輯：採編組
出版日期：2022 年 09 月（初版）
銀行名稱：合作金庫銀行南台中分行
銀行帳戶：天空數位圖書有限公司
銀行帳號：006—1070717811498
郵政帳戶：天空數位圖書有限公司
劃撥帳號：22670142
定　　　價：新台幣 300 元整
電子書發明專利第 Ｉ 306564　號
※如有缺頁、破損等請寄回更換

服務項目：個人著作、學位論文、學報期刊等出版印刷及DVD製作
影片拍攝、網站建置與代管、系統資料庫設計、個人企業形象包裝與行銷
影音教學與技能檢定系統建置、多媒體設計、電子書製作及客製化等
TEL　：(04)22623893　　　　MOB：0900602919
FAX　：(04)22623863
E-mail：familysky@familysky.com.tw
Https：//www.familysky.com.tw/
地　址：台中市南區忠明南路 787 號 30 樓國王大樓
No.787-30, Zhongming S. Rd., South District, Taichung City 402, Taiwan (R.O.C.)